LE COIFFEUR DE CHATEAUBRIAND

DU MÊME AUTEUR

WEBCAM, roman, Le Passage ; Points.

LA DORMEUSE DE NAPLES, roman, Le Passage ; Points, prix des Deux Magots, prix Roger Nimier.

UNE PETITE LÉGENDE DORÉE, roman, Le Passage ; Points.

À BAS LA NUIT !, roman, Grasset ; Le Livre de Poche.

LA GRANDE GALERIE DES PEINTURES, Centre Pompidou-Musée du Louvre-Musée d'Orsay.

AU LOUVRE, LES ARTS FACE À FACE, Hazan-Musée du Louvre.

MARIE-ANTOINETTE, Assouline.

INGRES COLLAGES, Le Passage-Musée Ingres de Montauban, prix du livre d'art du Syndicat national des antiquaires.

L'ATELIER DE CÉZANNE, Hazan.

COMMENT REGARDER RENOIR, Hazan.

LE SOLILOQUE DE L'EMPAILLEUR, nouvelle, avec des photographies de Karen Knorr, Le Promeneur.

CENT MONUMENTS, CENT ÉCRIVAINS. Histoires de France (direction d'ouvrage), Editions du Patrimoine.

Ainsi que...

Les Enquêtes de Pénélope, série romanesque comprenant

INTRIGUE À L'ANGLAISE, prix Arsène Lupin, Grasset ; Le Livre de Poche.

INTRIGUE À VERSAILLES, Grasset.

ADRIEN GOETZ

LE COIFFEUR DE CHATEAUBRIAND

roman

BERNARD GRASSET
PARIS

ISBN 978-2-246-76021-4

Pour Annick

« Vivre sans corps »

Joseph Joubert

I

J'ignorais l'existence des armes silencieuses. C'est une spécialité des Anglais. Je viens de trouver celle qui me convient, chez l'arquebusier Le Page, au Palais-Royal. Je crois entendre Sophie travailler son piano, une suite de morceaux très difficiles de Ludwig van Beethoven, *Les Créatures de Prométhée*. C'est un ballet romantique dont le livret est incompréhensible. Je ne sais qui sont ces mannequins et ces pantins qui dansent sous la lune et auxquels Prométhée doit donner, avec une part du feu qu'il a volé au Ciel, l'étincelle de la vie.

Sur le fusil que le commis de Le Page m'a vendu, on peut visser un réservoir. Il contient de l'air sous pression et il peut être, m'a dit l'homme de l'art, dissimulé dans la crosse ou prendre la forme d'une sphère de cuivre fixée par une vis, aisément escamotable. Il est rempli d'air grâce à un soufflet de forge adapté, très joli. Les premiers tirs sont les plus puissants et peuvent tuer. Ces armes ont été autrefois prohibées, elles étaient la providence des braconniers. Elles ont été souvent maquillées en fusils classiques.

Je n'ai pas osé dire que je n'avais jamais fait feu de ma vie. Je suis coiffeur.

En écoutant le vendeur, j'étais impatient d'essayer. Il était fier de ce qu'il me proposait. Seule la maison Le Page les vend à Paris. Ces armes sont terribles : impossible de savoir d'où le coup est parti. Elles ont toutefois, dans le royaume de France, un cours tout à fait légal puisque l'arquebusier a eu l'idée de les baptiser « carabines de jardin », comme ces pistolets plus légers qui servent, m'a-t-il dit, au tir sur cible ou à tuer les petits oiseaux. Le Page commande les siennes à Londres ; l'adresse de son fournisseur est écrite en lettres d'or dans la feutrine de la boîte élégante que je viens d'apporter à la maison : « Joseph Charles Reilly – 316, High Holborn. » Ma décision est prise. Reste à ne pas rater ma cible. Il doit mourir sans que je puisse être inquiété.

Pendant les huit ans où j'ai été « Adolphe Pâques, le coiffeur de Chateaubriand », je n'ai pas jeté un seul de ses cheveux. Le tas de pages manuscrites de ses *Mémoires* a grandi au même rythme que la masse des mèches, de plus en plus blanches, que je conservais chez moi. Dans mes rêves, feuillets et boucles s'équilibraient sur les plateaux d'or d'une balance, entre les nuages du Ciel.

Coiffer François-René, vicomte de Chateaubriand, ancien ministre, ancien ambassadeur, ancien pair de France, ancien jeune homme désespéré, n'était pas facile. Il avait de moins en moins de cheveux et il fallait toujours qu'il semble décoiffé.

Donner l'air ébouriffé à un grand homme qui a l'habitude de rabattre sa dernière mèche sur le dessus du crâne, c'est un exploit. Il voulait toujours ressembler à son portrait par Girodet, le visage bruni par le soleil d'Orient, tête en bataille, main sur le cœur, dans les ruines de Rome. Comme si le vent qui souffle aux environs du Colisée le portait encore, ce vent de l'histoire et de l'Italie ; alors que, dans ses dernières années, il marchait à petits pas, sur le pavé de la rue du Bac. Je revois sa redingote marron élimée, ses manchettes tachées de chocolat, ses pantoufles.

J'ai aimé m'occuper de mon écrivain, le faire se redresser, lui donner le bras sous le porche, l'aider à répondre aux gens qui l'arrêtaient pour lui dire qu'ils l'avaient lu et qu'ils avaient pleuré.

Quand j'allais fixer les papillotes de Mme Récamier, la plus belle femme du monde, qui vieillissait aveugle dans son salon de l'Abbaye-aux-Bois, je m'arrêtais souvent, sous prétexte de préparer mes instruments, pour scruter le portrait de Girodet, accroché chez elle à la place d'honneur. Le tableau avait été installé là après la mort de Mme de Chateaubriand. Je l'avais longtemps vu rue du Bac, chez l'écrivain, sans trop oser m'attarder. C'est un chef-d'œuvre. J'avais la charge d'entretenir la ressemblance du modèle, travail plus difficile que celui du peintre.

Ma vie tranquille avait trouvé une inspiration nouvelle, rien ne laissait présager qu'elle allait s'accélérer. Je n'avais que des occupations bien convenables, plus cette fréquentation exaltante, dont j'étais fier, mais dont je ne parlais pas vraiment, de peur d'être moqué par ma femme et mes amis pour mes passions littéraires, extravagantes chez un coiffeur.

Chateaubriand aimait deux de ses portraits : celui de Girodet à cause de sa jeunesse, des ruines de Rome et du ciel bleu, et un autre, par je ne sais plus quel barbouilleur, un certain Laval je crois, où il pose en grand uniforme de diplomate, couvert de décorations, le manteau d'hermine, privilège des pairs de France, jeté sur les épaules. Quand je le rencontrai, il ressemblait encore un peu au second, mais de moins en moins au premier. Il se faisait pommader et friser. Il torturait sa dernière mèche. Je l'ai ramené à la nature.

C'est ce que j'appelai ma révolution romantique : « Monsieur, passeriez-vous vos phrases au fer à friser ? » Ce mot lui plut. C'était une des premières fois, je me souviens que j'avais été frappé par l'odeur de chocolat chaud qui flottait dans la maison. Il rit. J'avais compris tout de suite ce qui n'allait pas. C'est pourquoi il se montra si satisfait. Cela lança même, un temps, une vraie mode chez les semi-chauves, qui voulurent tous se coiffer « à la sans façon », comme l'auteur d'*Atala*. J'opérais sur lui une révolution capillaire – elle compta dans ce siècle des révolutions.

En 1830, Victor Hugo, qui ne s'était pas encore laissé pousser la barbe, avait pris la tête d'un bataillon de chevelus. Ce fut la bataille d'*Hernani*, au cours de laquelle on cria « Au cimetière les genoux ! » pour se moquer des chauves défenseurs de l'alexandrin et du classicisme. Attraper une « tête de genou » quand on a été « le grand sachem du romantisme », ainsi que me le dit un jour M. Théophile Gautier, prince de l'hirsutisme, cela n'était pas possible.

Ce fut ma révolte, sans pastiche ni postiche. Une invention dans l'art du cheveu, qui vaut bien une nouvelle forme en poésie ou en musique. Les caricaturistes se moquèrent de Chateaubriand. Ils scalpèrent l'aïeul académicien. C'était gagné. Face à Victor Hugo, qui perçait les nuées, la tête de M. de Chateaubriand redevenait célèbre. Le premier croquis fait de lui avec des houppes énormes, qui s'écartaient comme les vagues de la mer Rouge pour laisser passer Moïse, fit un tabac. Il me montra, triomphant, la page du journal : « Mon petit Adolphe, je vous garde à vie ! Ma postérité vous devra beaucoup. Je ne veux plus d'autre coiffeur. Jetons les fers à friser ! » C'est ainsi que je m'occupai du grand homme de 1840 à sa mort, en 1848, autre année de révolution.

Coiffer l'auteur d'*Atala* devenait, de mois en mois, plus ardu. Mon butin de cheveux maigrissait. Le jour où je suis quand même venu avec un postiche, il a éclaté de rire. Il était assez bon garçon. Il me racontait comment avec Mathieu Molé, au retour de l'émigration, ils étaient jeunes, ils faisaient des batailles de seaux d'eau dans les greniers immenses du château de Champlâtreux ; il était resté farceur. Il arrosa le toupet avec la cuvette de sa toilette. Il aurait pu le prendre plus mal. « Laissons cela à Rossini », me dit-il. Pour Rossini, le « toupet » était essentiel. Il fallait qu'il tienne bon quand il dirigeait son orchestre, dans ses fulgurantes accélérations, son vent de l'histoire à lui. Il se démenait, un diable, suant et gesticulant. La garniture de crâne risquait de bouger, pire, de glisser. C'était un de mes confrères de la rue des Martyrs, Léopold, qui s'occupait de lisser le cygne de Pesaro. Il le remplumait. Quand il parlait du toupet qu'il fallait pour résister à un crescendo rossinien, on aurait pu le prendre pour M. Fétis en personne ou quelque autre de nos meilleurs critiques de musique. Un jour, en riant, Léopold me demanda de lui donner quelques mèches de M. de Chateaubriand pour garnir la houppe de Rossini. Je refusai, un vrai sacrilège.

Quand je coiffais Chateaubriand, j'étais, comme avec les autres, d'une rigueur extrême. L'impression de désordre ne s'improvise pas. Il y faut des années d'étude, du temps, de la pratique, une méthode. Et puis, je l'aimais. J'avais peur aussi de lui déplaire, qu'il ne choisisse un autre figaro. Il avait soixante-douze ans, âge de caprices. J'en avais vingt-quatre, âge sérieux.

Depuis mes débuts, j'ai fait ma réputation avec mon balai. Pour séduire un grand homme, il faut plaire à sa femme, ou à celle qui tient son ménage. Je ne leur disais pas qu'en secret je dévorais des livres comme un furieux. Quand Céleste de Chateaubriand vit que je ne laissais pas un seul cheveu sur ses tapis, elle dut me recommander avec flamme à son mari. Elle n'aimait rien tant que la perfection de leur intérieur.

Il l'appelait « la fée aux miettes ». Elle rangeait tout. Elle était menue, vive, drôle, avec des dentelles très soignées de Malines, d'Alençon, de Venise. Elle savait qu'ils possédaient de fort belles choses, des tableaux de maître, des cadeaux du roi de France, de la duchesse de Berry, de l'Empereur de toutes les Russies. Elle se souvenait aussi de leurs mauvaises époques, de la Révolution, quand Chateaubriand avait émigré en Angleterre et qu'elle se cachait à Jersey. Le temps des privations était revenu des années plus tard comme la mauvaise grêle. Il avait dû abandonner son traitement de ministre et sa pension de pair de France, vendre leur si joli domaine de la Vallée-aux-Loups à Châtenay. Céleste avait appris à se contenter de ce qu'on lui donnait, mais aussi à ne tolérer aucune négligence. Elle dut lui dire quelque chose à mon sujet car, un matin, au début de notre aventure, il se moqua de moi :

« Tu es vraiment, Adolphe, l'Attila de la coiffure. Céleste me l'a dit : là où tu passes, pas un cheveu ne dépasse. »

J'avais ma brosse, ma balayette en argent dont le duc de B., mon précédent maître – si je puis employer ce mot, je n'étais pas son domestique –, m'avait donné l'idée car il s'en trouvait toujours sur les tables de ses dîners. Le duc de B. appartenait à la branche cadette d'une famille régnante. Il a lancé ma carrière. Surtout, j'avais ma boîte, en acajou, assez grande, un rectangle un peu allongé, qui devait être une ancienne boîte à gants dont ma femme ne se servait plus.

Après l'opération de coiffure, M. de Chateaubriand prenait un bain parfumé, en ayant garde de ne pas modifier l'équilibre de mon chef-d'œuvre, que je renouvelais tous les quinze jours, parfois chaque semaine. Je sortais, emportant mon coffret, un trésor.

II

Il prit l'air grave : « C'est un cercueil que tu apportes et que tu remportes à chaque visite. La mort est comme toi, Adolphe, elle vient me voir et elle repart toujours. Elle reprend avec elle le coffre de bois qu'elle avait prévu d'apporter. »

Je me suis souvenu de la phrase. Je l'avais notée en sortant, sous la porte cochère. Il avait continué : « Moi aussi, j'ai ma boîte. Je te la montrerai. Je la cache ici. Je la remplis régulièrement, ce sera mon trésor. Mon arme contre la mort. Si la postérité en veut. »

Je n'en sus pas plus ce jour-là. Il parlait de la postérité avec une certitude tranquille, et il avait raison de s'avancer. Je devinais qu'il s'agissait de littérature, je me gardai bien de le lui dire, je voulais qu'il me voie comme son coiffeur. Ainsi, il m'en dirait plus. De lui, j'aimais tout savoir, sans lui révéler surtout que je m'intéressais à ses livres. Je vissais déjà, sans le savoir, un silencieux à la crosse de mon fusil.

Je songeais au coffre que le duc de B. emportait avec lui en voyage, malle digne de Simbad, que j'avais l'honneur d'ouvrir, quand il fallait y choisir les diamants que Sa Grâce voulait porter. Il l'avait fait fabriquer en Angleterre, avec trois énormes serrures sur le dessus et ses armoiries en incrustations d'écaille, tenues par des licornes de nacre, sommées de la couronne fermée des familles souveraines. C'était un coffret à trois étages. Le premier contenait les joyaux les plus courants, si j'ose dire ainsi, les épingles de cravate, les colifichets de sa chaîne de montre, les boutons de ses manchettes... Le deuxième étage était réservé aux plaques de ses ordres et à toutes ses décorations, que j'utilisais à Londres quand je devais le parer de ces guirlandes pour les bals de la cour. Quant au dernier niveau, je ne le vis qu'une fois. C'était le véritable trésor, les pierres non encore montées, des couronnes défaites et des diadèmes éventrés. Il transportait avec lui le butin de plusieurs siècles. Les écrivains ont eux aussi leurs coffres à trois étages.

Chez moi, rue de la Planche, mon seul secret était cette ancienne boîte à gants d'acajou, pour coiffer M. de Chateaubriand. Au début, ma chère Zélie, qui était jolie et que je cachais à Chateaubriand, s'en moqua. Zélie était musicienne. Je lui avais offert un piano en citronnier. Elle aimait Haydn et Mozart. Zélie allait avoir de plus en plus de raisons de s'inquiéter. Elle n'était pas préparée aux tempêtes qui allaient se lever, tous ces orages que je ne désirais pas. Et elle moins encore.

Il est vrai que je n'osais parler de ma vraie vie avec personne, pas même avec Léopold, mon ami rossinien. C'est pourquoi je me décide aujourd'hui à raconter ces quelques moments : pour parler à tous ceux qui, comme moi, sont devenus fous à cause des livres.

Plusieurs fois, nous avons organisé des dîners de grands coiffeurs, à cinq ou six. Le plus titré d'entre nous était Richard, qui avait un logement aux Tuileries et approchait le roi chaque jour. Quand on sut que je m'occupais de Chateaubriand, la plaisanterie que l'on me servit pendant deux mois fut « Ne le laisse pas tourner trop vite à l'œuf de Pâques ! », puis ce fut « Pâques a le Génie du Christianisme, pourvu qu'il ne le ressuscite pas avant les Rameaux ». La compagnie de la haute coiffure était joyeuse. Nous étions élégants, de vrais lions mis à la dernière mode, rendant des arbitrages et des oukases, un Conseil d'État de la bouclette, le Panthéon de la papillote.

Nous autres coiffeurs avons un privilège que les courtisans envient – et les dames amoureuses des poètes. Nous ne faisons pas antichambre. Nous passons toujours, comme la justice.

Aucune de celles qui se pâmaient pour M. de Chateaubriand n'avait comme moi le bonheur de le voir si souvent, ni de le transformer autant. Je voyais venir, en robe de chambre, un petit homme à la peau sèche, à la barbe dure et aux quelques cheveux blanchis et plats. Je laissais, après moins d'une heure, un génie à l'œil vif, au teint frais, coiffé à la diable, les mèches souples et brillantes qui jouaient avec l'éclat du regard.

Avec moi, François-René renaissait. Aucune de ses chères *Madames* ne songea à m'en remercier.

Il buvait son chocolat du matin – il avait renoncé au thé – pendant que je m'appliquais à faire de lui un autre homme. Mon existence s'est bâtie autour de trois boîtes, le meilleur de ma vie, les souvenirs qui méritent d'être transmis à mon fils. Ma petite boîte portative de parfait perruquier, la boîte aux diamants du duc de B. et cette autre boîte, à l'époque secrète, et dont le contenu est depuis tombé dans les mains de tout le monde : celle que me montra, un jour que jamais je n'oublierai, M. de Chateaubriand. Le manuscrit des *Mémoires*. Son cercueil sous le lit.

Je m'appliquais à coiffer mon héros devant une grande psyché dont le miroir carré était soutenu par une Victoire et une Renommée. L'Empire n'était pas encore tout à fait démodé. Il me pinça la joue, un matin, à l'imitation de Napoléon avec ses grognards : « Ainsi paré, je descendrai hardiment, mon petit Adolphe, le crucifix à la main, dans l'éternité. Cela te plaît comme phrase ? Hardiment ? Oui ? »

Je devais découvrir plus tard qu'il avait essayé sur moi ce matin de septembre la dernière phrase des *Mémoires d'outre-tombe*.

Ou peut-être même l'a-t-il trouvée, cette phrase sublime, ce mot si étrange et bienvenu, *hardiment*, pendant que je le coiffais, entre les seins de bronze de la Victoire et les bras de la Renommée. Je rêvais en pensant avec quelle audace je l'avais métamorphosé ; il s'était dit, puisque j'y étais allé hardiment, qu'il était prêt, grâce à moi, à paraître devant son Créateur, rasé de frais et les cheveux d'un ange. Ou mieux encore, plutôt que de se soumettre au Jugement dernier, qu'il se sentait capable d'écrire la dernière phrase de son grand livre. Des années plus tard, j'eus le soupçon que cette phrase avait été écrite, en prévision, des années auparavant, et qu'il la sortait comme le duc de B. exhumait le grand collier d'un ordre qu'il n'avait pas porté depuis longtemps sur son uniforme de parade. Son éléphant blanc de Danemark à lui. Je préférais, naïf, en rester à mon idée : j'entrais à peine à son service, il trouvait sa dernière phrase.

J'ai vérifié depuis, la conclusion porte une date, c'est la bonne : 25 septembre 1841, je débutais chez lui, je ne savais pas encore grand-chose des secrets de la maison. Je vous dirai ensuite à quel degré, je n'ose dire d'amitié, mais de confiance, il en est arrivé et comment, en me montrant son coffret sous son lit, il fit de moi le témoin fidèle de ses essais et de ses trouvailles. Le complice de ses dernières terreurs. Un complice qu'il a tout fait pour transformer en assassin.

De mon côté, je gardai mon secret. Notre véritable rencontre, je ne le compris que plus tard, en lisant, ne commença que ce matin-là, quand il trouva devant moi, face à ce miroir tenu par deux femmes, la plus belle fin possible.

III

Je devins pour lui, un peu, comme la servante de Molière. La servante de Molière était celle sur laquelle il essayait ses pièces. Une brave fille du Midi, qui éclatait d'un rire gras. J'étais un bon gars du Nord, avec mon accent un peu effacé et ma réserve. Quand elle riait fort, il maintenait sa réplique ; si elle ne riait pas, il en changeait. Souvent, au fil de ces années, M. de Chateaubriand risquait avec moi quelques-unes des pages dont il prétendait réserver la primeur à Mme Récamier, à son salon de l'Abbaye-aux-Bois – malgré son nom bucolique, cette abbaye était à deux pas, rue de Sèvres, où les chanoinesses de Saint-Augustin louaient des appartements. Il s'y rendait à pied, d'une démarche de moins en moins assurée, mais selon un itinéraire qui ne variait jamais et que les habitués du quartier observaient avec un sourire. Tiens, il est en avance, il laisse sa vieille femme pour aller musarder chez sa vieille muse, heureux homme. Ce salon avait été le centre de l'opposition à Louis-Philippe au début de son règne. Avec 1830 avait commencé la monarchie de Juliette. Mais depuis 1840, tout ce beau monde avait vieilli, Chateaubriand s'installait dans un fauteuil, elle sur un divan, et les visiteurs se faisaient moins nombreux, les « lectures » moins fréquentes et moins enthousiastes. Les rideaux bleus avaient passé.

Il me lisait, quand nous étions seuls, ce qui rendait jaloux Pilorge, son premier secrétaire, puis l'autre, qui lui succéda, Daniélo, ces pages magnifiques, d'un ton sec, pour aller vite, sans trop y mettre la voix. C'est à mon sens la meilleure manière de lire. Il se retenait, cela ne me déplaisait pas, je goûtais mieux les mots, le bruit des phrases comme le claquement de mes petits ciseaux, comme des coups de feu. Céleste s'en moquait :

« Vous verrez, quand il lira devant ces dames, les plus illustres noms du Royaume, les pairesses et les duchesses, les frondeuses et les amazones, il devra s'interrompre car il se fera pleurer lui-même, comme à chaque fois. Ses larmes goutteront sur son papier. Il faudra qu'il vous prévienne la veille, Adolphe, afin que vous le décoiffiez en prévision. »

Devant moi, il ne pleurait pas, mais j'eus le privilège d'entendre le premier quelques-unes des plus belles pages que chacun peut lire aujourd'hui dans les *Mémoires*. C'est un bonheur, qui pour moi excuse tout ce qu'il a fait ensuite, ce que j'ai fait. Des choses moins belles.

Je servis bientôt d'informateur à Chateaubriand. J'étais son espion dans le beau monde, où il ne sortait presque plus. Je l'aidais à assurer la discrétion de ses dernières bonnes fortunes, des retrouvailles avec des comédiennes entrevues autrefois, des rencontres avec quelques grandes dames dont il ne voulait jamais me dire les noms, que je connaissais fort bien. Il voulait que je lui rapporte les potins des Tuileries, les ridicules de la reine Marie-Amélie, si bégueule et pot-au-feu, que j'apprenais par mon collègue Richard, celui qui allait et venait au palais. Céleste faisait mine de ne rien voir, riant sous cape, elle aimait aussi mes ragots. Ils ne purent plus se passer de moi.

Ils s'étaient installés, en 1838, au rez-de-chaussée du vieil hôtel de Clermont-Tonnerre voisin du jardin du couvent des Missions étrangères. Ce n'était pas l'étage noble ; pour les rhumatismes, cela valait mieux. Mme de Chateaubriand avait dirigé jusque-là une entreprise de charité babylonienne, un empire de bienfaits impossible à gouverner, une trop vaste et délirante machinerie destinée à faire le bien qui s'était emballée, l'Infirmerie Marie-Thérèse. Tous ces pauvres les avaient presque ruinés et l'archevêque de Paris, avec sans doute beaucoup de sagesse, avait fini par évincer Céleste sans trop de ménagement. Elle se retrouvait, elle qui se croyait venue sur terre pour faire tourner un pensionnat, seule avec ses vertiges et ses faiblesses, à ne régenter que les quelques pièces de leur intérieur, un grand homme de plus en plus malade, son cuisinier Oudot, son valet de chambre François et la femme de chambre. Il faut ajouter Alexis, le garçon qui venait balayer et s'occupait des créatures paradisiaques de la volière, une empestation, c'était toute la maisonnée. Plus Pilorge et Daniélo, qui se succédèrent dans le rôle capital de secrétaire privé. Je m'arrangeais de Pilorge. Je crois que Daniélo ne m'aimait pas. Il se méfiait de moi.

Je devins, dans ces années 1840 qui furent les dernières de sa vie, le Figaro indispensable, qui faisait cohabiter la comtesse – la vicomtesse de Chateaubriand, Céleste, elle m'aimait bien –, une Rosine un peu vieillissante – la muse, c'était Juliette dans son salon avec sa harpe – plus quelques demoiselles grimées en Chérubin. Une surtout, qui arrive bientôt dans mon récit. Celle qui s'appelle Sophie et qui, dans ma tête, pendant que j'écris, s'exerce au piano à interpréter *Les Créatures de Prométhée*.

Céleste, comme pour le punir, ne l'entretenait que de misères à secourir. Un chapelet de souffrances. Je l'informais de la vie mondaine et je l'aidais aussi à répandre quelques rumeurs soigneusement dosées par lui, chez les grandes dames que je coiffais. Cela l'amusait d'entendre ce que je rapportais de chez la comtesse de Boigne, très louis-philipparde, ou des loges du Théâtre-Français où il n'était question que de M. Hugo. Il se montrait curieux de tout et me disait : « Alors, mon Adolphe, que vas-tu m'apprendre ? »

Je perpétuais ainsi la tradition de mon métier, car nous avons aussi, nous les coiffeurs, nos lettres de noblesse. Le coiffeur, en son habit moderne, est le petit-fils du perruquier et le petit-fils du barbier. Le Page n'est pas armurier, il se dit toujours « arquebusier ». Le coiffeur de nos jours ne se contente plus de voler de-ci de-là, il tient boutique et il reçoit. Nous avons inventé un nouveau métier dans ces années-là, comme lorsque tous les maîtres-queux de l'ancien temps, les Vatel obligés de vivre sans maîtres, parce qu'on avait décapité les princes, ouvrirent à Paris les premiers restaurants. Mais ce que le coiffeur moderne a gardé du temps béni où Léonard venait poudrer Marie-Antoinette, c'est le goût pour le secret, les messages, la propagation des idées et quelquefois des faux bruits. Parmi les belles dames que je coiffais alors, plusieurs étaient prêtes à me donner des fortunes pour posséder une mèche de leur grand homme. J'aurais pu en faire commerce, je m'en suis toujours abstenu. J'avais, pour ce trésor de cheveux, un autre projet, un peu fou. Et un autre secret, qu'il faudra que je dise et qui aujourd'hui me fait honte et me fait mal.

IV

Un matin, je traînais un peu dans la cour de la rue du Bac et j'entendis par la fenêtre ouverte la voix perchée de Céleste de Chateaubriand :

« Vous savez, François, je l'aime bien, notre Adolphe. Il vient de Boulogne. Il me rappelle un peu les garçons qui traînaient sur le port à Saint-Malo, ceux que nous croisions sur la digue du Sillon. Et puis Adolphe, c'est un joli prénom. Un prénom doux. On n'imagine pas un tyran ou un dictateur s'appelant Adolphe. Un dictateur, c'est Sylla, c'est César, c'est… Tu ne veux pas que je te fasse un abrégé d'histoire romaine ? Tu bâilles ? Il est honnête ton coiffeur, et il t'admire, prends-en soin. »

Tout le monde disait qu'ils s'étaient mariés alors qu'ils se connaissaient à peine, qu'ils n'avaient guère eu le temps de faire connaissance depuis : quand ils se croyaient seuls, ils se tutoyaient. Ils avaient même des souvenirs en commun, des souvenirs de Saint-Malo. L'époque heureuse où la Révolution grondait déjà, mais où nul ne pouvait prévoir qu'ils verraient mourir sur l'échafaud presque toute leur famille, restait présente à leur esprit. Ils s'étaient unis en 1792. Que seraient-ils devenus si la Révolution n'avait pas éclaté ? Y pensaient-ils quelquefois, lui, le cadet sans avenir à qui l'armée du roi ne promettait pas grand-chose, elle, fille bien mariée d'un noble de fraîche date, M. Buisson de La Vigne, un nom de comédie.

Le père de M. de Chateaubriand était un gentilhomme du Moyen Âge. Les *Mémoires* de son fils ont fait passer à la postérité l'idée d'un grand seigneur qui glaçait de peur ses enfants. Il perpétuait pour ses paysans, dans les bois qui entourent sa sinistre forteresse de Combourg, le jeu de la quintaine où les chevaliers, lance au poing, doivent culbuter un Sarrasin de paille. Je m'émerveillais de voir le fils de ce seigneur médiéval devenir un de nos plus modernes poètes. Il est vrai que Chateaubriand avait remis à la mode les ogives, la solitude des cloîtres et les bruits des cloches dans nos campagnes. Pourtant, comme homme d'État, il avait voulu tout comprendre, l'Angleterre, les États-Unis d'Amérique, la vie de demain. Il était de notre siècle, il avait inventé un style, c'était un précurseur.

Céleste de Chateaubriand m'expliqua un peu ce mystère. Elle était, de ce temps de Saint-Malo, la dernière survivante, même si je ne suis pas sûr qu'elle ait jamais mis les pieds à Combourg. Tous les autres avaient été décapités.

« Ces Chateaubriand, me disait-elle, en ont plein la bouche de leur antique lignée, l'ancienneté de leurs origines ! Ils se gargarisent de leurs éternelles histoires, cette comtesse de Chateaubriand qui avait été remarquée par François Ier, elle n'était pas la seule, et surtout ce combat avec Saint Louis où ils ont gagné leurs armoiries et leur devise. Cet écu de gueules, la couleur rouge, semé de lys d'or et l'inscription : "Mon sang teint la bannière de France." Ils en sont fiers cinq siècles après, d'avoir remplacé l'azur des armes royales par la couleur de leur sang. Ses sœurs me l'ont raconté dès qu'il s'est agi du mariage, vous les auriez vues, si bêtes, mon pauvre Adolphe, j'excepte cette pauvre Lucile, qui était bonne, aucune ne m'a même demandé si les Buisson de La Vigne avaient eu le temps de blasonner. La vérité, vous voulez la savoir ? »

La rancœur de sa jeunesse lui remontait à la gorge. La plus belle des illustrations du nom de Chateaubriand, c'était son mari. Elle le savait, elle y veillait, elle en était fière. Elle y était pour quelque chose. Lui était un génie et elle, secourant misère après misère, aspirait modestement à la sainteté.

Il était ainsi, malgré lui, sa vengeance à elle. Céleste manœuvrait bien, depuis quarante ans qu'elle tenait le plus volage des grands hommes dans une cage de vanités et une volière de grandeurs. Elle était devenue plus Chateaubriand que toutes les Chateaubriandes qui gazouillaient dans l'arbre généalogique, sœurs comprises. La pâle Céleste riait dans son peignoir blanc au milieu de son lit aux rideaux de mousseline. Céleste héritait l'histoire de son mari, elle avait son don miraculeux pour les mots, elle semblait régner depuis la nuit des temps. La femme du Moyen Âge, c'était elle.

« Bien sûr, notre nom est vieux, je ne le nie pas, mais je crois bien que le rameau dont descend l'immense auteur n'est qu'une branche cadette parmi les cadettes. Ne répétez pas cela, il nous tuerait. Il a noirci trente pages, d'un ennui, pour prouver le contraire ! Vous aimez mon éventail de dentelle ? Du point de Bruges, regardez comme c'est fin. Je ne lis plus rien depuis belle lurette. Je survole. Je passe dans son cabinet de travail et je demande si ça avance. C'est son terrible père qui lui a mis, de force, ces idées de grandeur dans la tête. À un âge où tout se grave. Un marmot. Vous aimez les enfants ? Moi pas. Aujourd'hui tout le monde les aime et les montre, autrefois on les cachait. La vérité sur son père est horrible à dire : il avait fait fortune. Combourg, la citadelle dont il prétendait qu'elle avait appartenu aux Chateaubriand du XVe siècle, ce gros gâteau inconfortable mais qui en imposait si fort, avec ses forêts et ses chasses, c'est lui qui l'avait acheté. Ce féodal avait gagné des millions dans le commerce. S'il avait transformé son argent en malouinière à la mode, comme notre joli manoir des Chesnes à Paramé, comme nos cousins Bédée à Monchoix, comme les gros Magon à Montmarin, avec des cheminées peintes, des boiseries blanches et des petits fauteuils cabriolets, il aurait eu l'air de ce qu'il était, n'en déplaise à cette galerie de prodigieux ancêtres dont on aurait été bien en peine de montrer un seul portrait : un nouveau riche. »

Elle détachait chaque syllabe. Ce que Céleste, bonne chrétienne bavarde et compatissante, me cacha tout de même, c'est la cause de cet enrichissement : le bois d'ébène, les esclaves, les navires qui partaient vers l'Afrique.

La comtesse de Boigne, autre peste, m'a tout raconté de cette imposture. Elle n'aimait pas Chateaubriand, qu'elle avait côtoyé chez Mme Récamier, et elle s'était informée sur son compte, peut-être même auprès du roi Louis-Philippe en personne qui savait tout sur les familles, sous son air bonasse de roi citoyen. L'ogre de Combourg, le vieux comte, le terrible *pater familias*, s'engraissait de sang et de chair humaine. Quand je rapportai la chose à Mme de Chateaubriand, elle ne chercha pas à nier et ne m'en voulut pas de mon audace. Elle connaissait par cœur le monde des armateurs de Saint-Malo. Les canaris et les mésanges de Céleste sur leurs perchoirs en fil de fer ponctuaient ces révélations de cris stridents.

« Un nouveau riche ! Cela faisait dix ou quinze générations qu'il n'y en avait pas eu dans cette famille de bons à rien. En réalité, Monsieur père, sous des dehors rustiques, sentait venir les modes de Londres, en bon commerçant. Alors que tous les châteaux de campagne se mettaient aux bergeries et aux trumeaux, il inventa le retour aux donjons, il voulait des mâchicoulis, des souterrains murés, des créneaux, des courtines, des poivrières, des monstres héraldiques et des histoires de fantômes. La première fois qu'il m'a raconté ses terreurs d'enfant, il m'a tant fait rire, mon cher homme. Quant à le lire dans son livre, j'y ai renoncé. Il nous en a encore pondu cinquante pages. Pour dormir, j'ai mes tisanes. Ces girouettes et ces barbacanes, c'était tout ce qu'avait inventé leur père pour les sortir de la crasse qu'apporte l'argent. En Bretagne, autrefois, les vaniteux se trahissaient vite, et ne bernaient guère que leurs gens de maison. Quand Lucile et François étaient enfants, leur père, grand raconteur d'histoires déjà, sut leur donner l'illusion que leur monde voguait ainsi depuis le déluge. Mon grand-père Buisson, gouverneur de Lorient, chevalier de Saint-Louis, qui ne se cachait pas de sa noblesse de 1776, j'ai la quittance dans mon armoire, n'était pas dupe. Mon père était mort quand je me suis mariée. J'étais ruinée. J'ai fait croire aux sœurs que j'étais riche à millions. J'ai mené tout le monde dans ma barque. Je voulais être Mme de Chateaubriand ou rien. Nul ne pouvait m'empêcher, hein, cocotte ? »

La plus belle des perruches approuva. Je risquai une question, éberlué par tant de confidences.

« M. de Chateaubriand aujourd'hui, est-il vraiment républicain de cœur, et légitimiste à la fois ? Il a rencontré le prince Louis-Napoléon, il défie Louis-Philippe à dix minutes de son palais, il se sent toujours gentilhomme ? Ou sera-t-il de la prochaine révolution qui se prépare ?

— Il ne trompe que ses lecteurs ! Essayez d'ouvrir ses volumes, mon pauvre Adolphe, c'est illisible ! Il ne ment pas – il ne raconte que ce qu'il veut. Il est comme son père, il fournit ce qui se vend ! Mon Chateaubriand à moi a été ministre des Affaires étrangères et ambassadeur à Rome, aucun de leurs vieux Chateaubriand n'avait fait aussi bien, à part se traîner avec mille autres vagabonds à des Croisades qui n'ont servi à rien. Vous lirez le début de ses *Mémoires*, il a voulu que cela soit comme la Bible. Je n'ai pas pu aller au bout, cent pages de généalogie, avec documents à l'appui. Au moment du récit des voyages, je crois que cela devient meilleur. Un digestif ! Heureusement pour nous, 1793 a ruiné toutes nos vieilleries. Je ne devrais pas dire "heureusement". Beaucoup sont morts, dans nos familles, et il n'y a pas un jour que je ne pense à eux. Vous êtes trop jeune pour avoir vu marcher la guillotine, Adolphe. Nos cousins sont tous tombés, mon beau-frère, mort, ma belle-sœur, morte, leurs enfants, morts. Grâce au Ciel, dans ce massacre des nôtres, nous avons perdu jusqu'au dernier sou l'argent gagné au dernier siècle. Le peu que nous avons aujourd'hui c'est au service du roi que nous le devons et aux livres soporifiques de M. de Chateaubriand. Cela nous autorise à vivre sans avoir besoin de s'inventer des légendes, sans martyriser les Africains, sans trucider les enturbannés, sans abrutir nos paysans bretons, et à soigner mes pensionnaires de l'Infirmerie Marie-Thérèse, dont je ne m'occupe plus autant que je le voudrais. Même au moment le plus difficile, jamais M. de Chateaubriand ne m'a rien refusé pour nos orphelines, nos malades. Tu entends ça, colibriotte ? Il se souvient d'avoir été pauvre. Voyez-vous, c'est la guillotine qui nous a sauvés de Combourg, du ridicule, de la richesse, des prétentions et des chimères. Vous me voyez en sous-châtelaine reçue par ma belle-sœur dans une tour suintante ? J'aime mieux ma rue du Bac et mon chocolat chaud. »

V

Demain, je vais aller en forêt essayer mon fusil. Je vais tirer sur les arbres pour apprendre à viser. « Mon sang teint la bannière de France. »

Parfois, Daniélo, le secrétaire, assistait à mes opérations, comme si je n'existais pas. Chateaubriand venait de renvoyer Hyacinthe Pilorge, le secrétaire qui l'avait servi dans toutes ses aventures, à la suite d'un éclat dont je ne fus pas témoin, et que je devais comprendre bien plus tard. Daniélo régnait désormais. Il lisait au grand maître, que je m'appliquais à façonner, les dizaines de lettres qu'il recevait tous les jours. M. de Chateaubriand, avec distraction, donnait quelques éléments brefs pour la réponse, souvent les mêmes, et utilisait ainsi à sa correspondance – il s'agissait surtout de ses admirateurs, parmi lesquels les femmes de la bonne société de province et les saints prêtres étaient les plus nombreux – le temps que je passais avec lui. Il ajoutait parfois quelques lignes de sa main, pour dire aux amis intimes que la maladie ne lui permettait plus d'écrire lui-même, mais qu'il ne voulait pas pour autant signer d'une croix. C'était gentil, et vrai. Il se regardait dans le miroir tandis qu'il dictait, et j'observais ses yeux, vides dans ces moments-là comme s'il allait s'endormir. Je crois qu'il n'était pas avec nous et que ses pensées roulaient vers d'autres mondes, que nous ne pouvions pas comprendre.

À l'époque où je voulais acheter une clientèle, les coiffeurs de grandes maisons avaient leurs listes, un peu comme des notaires ou des médecins. Il s'en trouvait trois ou quatre, quand je cherchais à m'établir à Paris, de retour de Londres, prêts à vendre leur « charge ». Je m'étais rendu chez le premier d'entre eux, un vieil homme qui habitait dans la petite rue de la Planche, à côté de la rue du Bac. Il sentait l'alcool et la lavande anglaise. Il ouvrit son carnet et commença à me lire des noms, tous illustres, proches de la Cour, puis il m'annonça, avec la voix de l'aboyeur aux soirées des Tuileries – pas trop forte, pas trop emphatique, le bon ton de la grandeur, comme si l'invité allait entrer et qu'il ne fallait pas choquer sa modestie : « M. le vicomte de Chateaubriand. » Je l'arrêtai net : « Faisons affaire ; pour lui, je suis prêt à payer votre prix. »

Dans les années qui suivirent, je n'aurais pas revendu ma place pour tous les trésors de Golconde, pour tous les diamants de la malle du feu duc de B.

Ces inconnus qui chaque jour lui écrivaient leur admiration ne le lassaient pas. Un de ces matins, je ne me doutais pas de l'importance que ce jour prendrait dans ma vie future, il écouta, en m'écartant de la main pour mieux suivre, la lettre d'une jeune fille de Saint-Malo.

« Redites-moi cela, cette musique est différente. J'entends le chant de ma Bretagne. »

La lettre était simple, sans artifice, je ne pus m'empêcher de suspendre mes ciseaux.

Nous écoutions, M. de Chateaubriand et moi, le secrétaire qui reprenait sa lecture.

« Tu crois qu'elle est jolie, Adolphe, cette Armoricaine ? Elle écrit bien. Elle a dix-huit ans, si elle ne ment pas.

— Gare, si c'était encore une douairière de Bavière qui, pour plaire à M. le vicomte, ou une facétie de M. Sainte-Beuve…

— Non, Daniélo, ce qu'elle dit des remparts, de la mer, du Fort-Royal, du vent au rocher du Grand-Bé… Je ne pense pas qu'elle invente. Je vais lui répondre moi-même, cela sera plus courtois. Elle se nomme Sophie. »

Je restai songeur devant cette soudaine envie de courtoisie. Elle répondit à son tour, je crois. On ne me lut pas la deuxième lettre, ni les autres. Une correspondance s'engagea, qui m'échappa. Je n'y pensais pas plus que cela.

Goupil, le fameux lithographe et marchand d'estampes, livra ce jour-là un paquet. Il contenait trois cents feuilles de papier. M. de Chateaubriand l'ouvrit devant moi.

« J'avais vu le dessin, c'est parfait, la planche est très bien venue, avec de beaux noirs. Regarde les contrastes des vagues, des rochers, la lumière dans le ciel sombre. Le soleil vient sur la croix, tu penseras à moi. Je vais t'offrir la première, tu attendras ma mort pour la faire encadrer. »

M. de Chateaubriand avait encore de belles années à vivre. Cette grande estampe qu'il avait commandée lui-même avait pour légende : « Saint-Malo. Tombeau de M. de Chateaubriand. » Le site du Grand-Bé, île devant la ville, était sublime. Il en avait obtenu la concession à perpétuité. Son tombeau serait face à son berceau, son immortalité face à son passé. C'était bien trouvé, mieux que le Panthéon ou le Père-Lachaise. Les négociations avec le conseil municipal avaient pris des mois, les Malouins avaient fini par prendre tous les frais à leur charge. M. de Chateaubriand avait demandé une croix de granite simple, sans inscription. La municipalité avait insisté pour une petite barrière, en pierre elle aussi. Autour, il n'y avait que ce rocher, la mer, les remparts au loin – mais un petit sentier, que je devais emprunter un jour, avec dévotion, liait cette solitude funèbre à la cité des corsaires, aux fortifications du port, au monde entier.

Pendant des années, M. de Chateaubriand, qui se tenait prêt à disparaître, fit en quelque sorte sa publicité en distribuant à ses amis la gravure de son tombeau. Il en avait placé une, dressée debout, sans verre, contre une pile de livres, sur son bureau, et elle demeura ainsi, pour qu'il la voie toujours tandis qu'il écrivait ou dictait, pendant ses dernières années. Céleste pouffait et en parlait à ses colibris. Pendant ce temps certains commencèrent à aller en pèlerinage au Grand-Bé, voir ce tombeau, s'y recueillir, alors que M. de Chateaubriand était toujours vivant. M. Flaubert l'a raconté, dans un livre que j'aime, *Par les champs et par les grèves*. Je devais plus tard utiliser la gravure que je possède toujours pour réaliser un des grands projets de ma vie, mon hommage secret à celui qui fut mon maître. Mon premier tableau, exécuté par moi, « Adolphe Pâques artiste coiffeur ».

VI

Tout jeune à Boulogne où je suis né, face à la mer, j'aimais l'épopée et les aventures. Je restais des heures à détailler la colonne de la Grande Armée qui se dresse sur la falaise. C'est plus beau que la colonne jumelle, devant les maisons plates de la place Vendôme que je n'ai jamais aimées. Aujourd'hui, je les confonds. Ces deux colonnes sont comme celles qui ornent la Piazzetta à Venise, elles encadrent mes souvenirs, le palais des doges construit avec mes rêves.

La colonne de Boulogne n'a pas de décor sculpté, comme celle de Paris, et la Restauration avait fait retirer les bas-reliefs, pour essayer de transformer le monument en phare. Une grosse fleur de lys avait été installée à la place du conquérant. Peu importe, un de mes oncles, vétéran de la Garde impériale, m'avait raconté la colonne de Paris, je croyais la voir, comme si un œil magique projetait des images interdites sur ce fût de pierre. Je ne me lassais pas de détailler les soldats, les chevaux, les canons : ce fantôme d'épopée qui n'existait que dans mon imagination d'enfant s'enroulait sur lui-même et les vagues tout autour continuaient les batailles navales dont j'imaginais les récits. Je ne voyais que la gloire, les rochers et la ligne d'horizon.

Nous avions tous, pauvres enfants nés au début du règne de Louis XVIII, rêvé de cavalcades, de vaisseaux, de bivouacs, nous étions devenus cochers, coiffeurs ou aubergistes. Il avait fallu s'en accommoder. À la génération précédente, ils étaient nés aubergistes et étaient devenus rois.

Napoléon avait fait dresser ce presse-papier à l'antique pour que nul n'oublie qu'il avait rassemblé ici son armée afin d'envahir l'Angleterre – avant de faire volte-face et de les emmener tous à Austerlitz. Pour moi, c'était déjà l'amorce de mon histoire. J'ai pensé à la colonne de Boulogne à Rome, devant ses deux modèles, la colonne Trajane et la colonne Antonine qui grouillent de légionnaires et de barbares. J'y ai pensé à Londres, durant mes années au service du duc de B., en me disant que j'avais réussi là où Napoléon avait reculé et que ma petite conquête de l'Angleterre était un franc succès. J'y ai pensé, avec en tête l'image des orages qui s'abattaient toujours sur ce coin de falaise, quand la tempête battait la mer, l'image de ce soir où la pluie ravinait les sentiers qui conduisaient à cet étrange monument dédié à un événement qui n'avait pas eu lieu. Je suis allé, dès mon arrivée à Paris, voir l'autre colonne de l'Empereur. Je me disais que les *Mémoires* de M. de Chateaubriand sont sa colonne : un ruban qui monte en spirale vers une statue. Chacun de nous a sa colonne de bronze, faite avec les canons de ceux que nous avons vaincus.

Les nuits d'orage, j'imagine le décor de ma colonne et je ne sais pas encore dans quel costume je vais poser, ciseaux au poing, pour la statue du sommet. Quand je suis allé à Saint-Malo, au Grand-Bé, j'ai retrouvé encore, gravée en moi, l'image de la colonne de Boulogne. Sur ce rocher, face à la mer, il a voulu être enterré debout, dressé comme un Bonaparte sans socle, sans autre colonne que le rouleau des pages écrites, sans autre gloire que les orages qu'il avait aimés. Levez-vous vite, avait-il écrit à vingt ans, et je me répétais ce « vite » en pensant à ce qu'avait été la succession frénétique des événements de sa vie – moi qui, à vingt ans, l'avais connu à une époque de souvenirs, quand il mettait toute la lenteur possible à retarder l'achèvement de son tombeau de pages. Mais sur le rocher de Saint-Malo, il est debout, sous la croix en pierre, et il regarde la mer avec autant d'audace que l'Empereur, son seul vrai rival en ce siècle.

Chacun a sa colonne, chacun rêve de la statue qu'il faudra mettre au-dessus, chacun pense que les événements qu'il raconte, étage par étage, en gravissant les années en colimaçon, rendront nécessaire un portrait en pied, sculpté pour l'immortalité, revêtu des habits de la gloire ou dans la nudité des héros.

Quand, à dix ans, j'allais jouer du côté de la colonne, je ne pensais à rien de cela. Très tôt, j'ai emporté des livres, que me prêtait l'abbé Hambourg, un brave homme que ma mère connaissait un peu. C'était le lieu de mes lectures. Je savais qu'on ne me dérangerait pas. J'étais malheureux de rendre à l'abbé Hambourg les volumes que j'avais finis.

C'est alors que j'appris à développer ma mémoire. Ou plutôt, elle se développa sans moi, malgré moi, sans que nul s'en aperçoive, faculté inutile dans le métier qui devait être le mien. Bientôt, il me suffit de lire deux fois une page pour la savoir par cœur, mieux qu'un comédien, pour la réciter à tue-tête dans le chemin qui mène au Mémorial de la Grande Armée. Au milieu de tous les livres que me prêta l'abbé Hambourg, sans doute pour éveiller en moi une vocation qui ne vint jamais grâce à Dieu, il y eut *Le Génie du christianisme, Atala, René, Les Martyrs, Les Aventures du dernier Abencérage*, que j'aimais plus que les autres à cause de ces quelques lignes de la fin, qui m'avaient bouleversé quand j'avais quinze ans et que je sais toujours :

« Elle passait le reste de ses jours parmi les ruines de l'Alhambra. Elle ne se plaignait point ; elle ne pleurait point ; elle ne parlait jamais d'Aben-Hamet : un étranger l'aurait crue heureuse. Elle resta seule de sa famille. Son père mourut de chagrin, et don Carlos fut tué dans un duel où Lautrec lui servit de second. On n'a jamais su quelle fut la destinée d'Aben-Hamet. Lorsqu'on sort de Tunis, par la porte qui conduit aux ruines de Carthage, on trouve un cimetière : sous un palmier, dans un coin de ce cimetière, on m'a montré un tombeau qui s'appelle le *tombeau du dernier Abencérage*. Il n'a rien de remarquable ; la pierre sépulcrale en est tout unie : seulement, d'après une coutume des Maures, on a creusé au milieu de cette pierre un léger enfoncement avec le ciseau. L'eau de la pluie se rassemble au fond de cette coupe funèbre et sert, dans un climat brûlant, à désaltérer l'oiseau du ciel. »

Cet oiseau du ciel, j'avais l'impression de le voir. Ce duel de Carlos, si j'avais été à sa place, avec Lautrec pour second, je l'aurais gagné. J'aurais tué par amour. À peine avais-je rencontré Zélie, à Paris, que j'en fis ma Blanca, mon Atala, ma Sylphide, – sauf que je l'épousai vite pour qu'elle ne m'échappe pas et parce que je préférais avoir cette beauté dans mon lit plutôt que dans mes songes.

Je me gardai bien de dire à M. de Chateaubriand, dans le début de mon service auprès de lui, que je connaissais des pages entières de son œuvre. Il m'aurait pris pour un admirateur plus habile que les autres qui se serait déguisé en coiffeur pour l'approcher. Je préférai m'imposer par mes seuls ciseaux, quitte à le surprendre ensuite, au bon moment, en lui récitant la fin du *Dernier Abencérage*.

Je sais par cœur tout ce que j'apprenais à quinze ans. Abandonné sur une île, je serais capable de faire à Vendredi des bouclettes à la dernière mode et de lui offrir une petite bibliothèque. Mes préférés étaient alors Fénelon et Rousseau, des phrases qui sont aujourd'hui pour moi la musique de ces jours de joie et de solitude.

Pendant les premiers mois, il m'arrivait de retenir des phrases des manuscrits qu'il me lisait. J'aurais pu pirater ce descendant des corsaires. Bien des éditeurs auraient aimé m'employer, encore eût-il fallu qu'ils connussent mon existence, tous ceux qui publiaient des ouvrages de contrebande, les contrefacteurs hollandais, belges, portugais ou allemands.

Je sus très vite les plus beaux chapitres des *Mémoires* avant même qu'ils aient des lecteurs et un imprimeur. La vie avait pour moi tous les charmes. Je me suis précipité sur *La Vie de Rancé*, le jour de sa publication, en 1844 ; je retrouvais le portrait de Pierre Corneille que j'avais lu en professionnel : « Il ne lui reste que cette tête chauve qui plane au-dessus de tout », et je feuilletais les pages pour retrouver ma phrase favorite, celle qui accompagna mon voyage à Saint-Malo, des années plus tard : « Tout est changé en Bretagne, sauf les vagues, qui changent toujours. »

Une correspondance s'engagea avec la jeune Armoricaine dont je ne sus pas grand-chose. Il lui écrivait de sa propre plume, malgré ses doigts déformés ; elle répondait, mais je n'avais aucune raison d'en être informé. Un matin, près d'un an après la première lettre reçue de Saint-Malo, il m'en parla :

« Adolphe, je vais te confier, comme à un ami, une mission un peu délicate. »

La tranquillité m'envahissait déjà, je me sentais au meilleur de moi-même. Cet homme que j'admirais depuis toujours me considérait comme son ami, me témoignant sa confiance et jamais je n'avais eu autant confiance en moi. J'étais prêt à tout.

En un mot : elle arrivait. En parfait gentilhomme, il avait envoyé une voiture attelée à Saint-Malo, que les versements de *La Vie de Rancé* avaient payée, la jeune fille n'eut pas à prendre la malle-poste. Il la traitait en princesse. Une princesse lointaine, dont il avait maintenant besoin. Je fus seul à savoir.

Nous avions repris, rue de la Planche, l'appartement du coiffeur dont j'avais racheté la clientèle et qui s'était retiré à Ville-d'Avray. C'était à deux pas des Chateaubriand. Zélie avait une boutique de rubans et de colifichets à trois minutes de là, c'était commode aussi pour elle. Zélie et moi faisions, pour notre plus grand bonheur, chambre commune, nous réglant en cela sur les usages du palais des Tuileries, puisque Louis-Philippe et Marie-Amélie étaient le premier couple de souverains à partager officiellement le même lit – la poire avec la charlotte, les autres cours européennes en faisaient des gorges chaudes. Une chambre était occupée par notre premier fils, en bas âge, et nous avions laissé vide la plus petite, que nous réservions à ma mère lorsqu'elle venait nous voir – ce qui ne se produisait plus guère, car elle était trop fatiguée pour entreprendre le voyage depuis Boulogne. Cette chambre vide me servait de débarras. Je la fermais à clef et personne d'autre que moi n'y pénétrait. À l'intérieur, un grand placard fermait à clef lui aussi.

Là était mon trésor, là aussi était mon cœur. Un cœur incertain, tremblant, inquiet de l'avenir. Cela devait rester sous clef le plus longtemps possible. Je n'arrive même pas à l'écrire.

Je prends ces notes en désordre, sans chercher à aller du début à la fin. Je relirai ensuite mon carnet pour replacer les événements dans leur suite. J'hésite à tout dire, je recule le moment de raconter certains événements plus secrets de ma vie. Je veux les écrire pour mes fils, pour qu'ils tiennent de moi la vérité de ma vie. Quand je ferai de ces pages désordonnées un livre de mémoires, je retirerai ce qui ne doit pas être su du public.

L'heure de jouer au Figaro de Beaumarchais était donc arrivée, la comédie, les déguisements, les sérénades et la guitare. Je l'avais presque attendue. Les seuls instants que je guettais jusqu'alors c'étaient ces moments merveilleux où M. de Chateaubriand dictait devant moi les pages qu'il venait d'écrire. Je m'emparais de chaque nouvelle phrase avec un bonheur de sauvage. Je la gravais dans ma mémoire. Je la chérissais. Je rêvais de retarder un peu encore la publication, si j'en avais eu le pouvoir, pour faire durer les jours où les phrases nouvelles n'appartenaient qu'à moi.

J'ai vécu un mois avec une seule phrase dans la tête. C'était ma musique, je la chantais en dedans quand je marchais dans les rues. Cette fois, mon impatience changea de forme. Il me confiait une mission, un rôle dans sa vie ; il me laissait quelques répliques à improviser dans une intrigue qu'il était en train de construire. Moi d'habitude si solitaire, je devenais son agent secret. Cette solitude, je la sentais depuis Boulogne, quand je partais vers la colonne avec un livre sous le bras. J'étais saint Siméon le stylite qui s'isolait du monde pour prier sur son chapiteau. Moi, c'était pour lire et pour avoir peur. Je ne sais plus au juste, quarante ans après, de quoi le jeune Adolphe pouvait bien avoir peur, avec ces livres, l'abbé Hambourg et des parents excellents, dans cette petite ville où rien n'arrivait jamais. J'avais peur surtout de ne pas avoir la faveur des autres, les gamins de mon âge qui jouaient sur les remparts. Je me taisais. J'ai appris, bien plus tard, que sur les murs de Saint-Malo, avant la Révolution, un autre petit garçon de cet âge jouait à se faire peur entre les vagues et les rochers.

Elle arriva au jour dit. La voiture avait été trouvée par M. Ampère, fidèle ami de Chateaubriand, et elle fit halte devant chez nous, rue de la Planche. J'avais voulu tout préparer moi-même. J'avais installé une jolie table de toilette devant la fenêtre, avec un miroir rond dans un cadre d'acajou, choisi les draps les plus fins et, sous prétexte de mes habituelles visites, j'étais allé prévenir M. de Chateaubriand ; tout était prêt pour accueillir son invitée secrète.

VII

À mon retour rue de la Planche, juste avant l'arrivée de la voiture, je trouvai Zélie en furie. Elle avait voulu refaire après moi le ménage de la chambre et elle me sommait de lui expliquer ce qu'était ce placard fermé dont elle n'avait jamais vu la clef. La jalousie de Mme Pâques n'avait pas trouvé à s'exercer depuis notre mariage, elle s'en donnait à cœur joie. Je me moquai d'elle. J'étais barbier, pas Barbe-Bleue.

« Que crois-tu ? Tu te tourmentes pour rien. J'ai mis là de vieilles hardes que j'avais en arrivant de Boulogne, des souvenirs de mon père que je donnerai à notre fils. Si tu ne me crois pas, fais murer ce placard. Je me souviens d'un conte espagnol qui finissait comme ça, tu entendras ma maîtresse, qui doit être une délicieuse naine, mourir de faim avec des râles affreux. »

J'aurais pu facilement, à l'instant même, dissiper ses doutes. J'ai eu peur du ridicule, de lui avouer mes manies.

« C'est ma folie vois-tu que je garde sous clef. Pour en avoir toujours un peu en cas de besoin. Tu as bien des petites affaires dans ton cabinet de toilette que je ne viens jamais voir, allons, ne fais pas cette tête. »

Zélie se rassura. Elle rougit.

M. de Chateaubriand avait tout prévu, toujours très soucieux des convenances, et ne voulait pas me placer, vis-à-vis de Mme de Chateaubriand, avec laquelle je m'entendais si bien, dans une situation délicate.

« Vois-tu, mon petit Adolphe, j'ai besoin de cette jeune fille que la Providence m'a apportée par la poste pour me rendre quelques souvenirs de mon vieux Saint-Malo. Je ne veux pas d'erreurs dans mes *Mémoires*, les pages qui racontent ma jeunesse sont celles auxquelles je tiens le plus. À mon âge, on veut tout vérifier avant de partir. Tu sais que mes *Mémoires* sont achevés, et même hélas déjà vendus. Je n'ai plus qu'un seul pouvoir : veiller à ce qu'ils paraissent dans le meilleur état possible, en meilleur point que leur auteur. Pour Saint-Malo, tout cela est si loin, je n'y suis retourné qu'une fois, et si vite. C'est Mme de Chateaubriand elle-même qui m'a suggéré de te demander ce signalé service, à toi et à l'excellente Mme Pâques. Les gens racontent tant d'histoires, et, à moi, tu sais qu'on m'a prêté tant d'aventures. Ce ne serait pas convenable qu'un vieil homme loge ainsi une si jeune admiratrice. Mme de Chateaubriand, qui ne ment jamais, n'a pas voulu que nous la fassions passer pour une de ses jeunes parentes, du côté des d'Acosta par exemple, ce qui aurait été plus facile. Tu sais, continuait-il en riant, elle m'a même dit : si c'est une jeune femme du peuple, mon ami, nous devrions dire qu'elle vient plutôt d'un rameau de votre côté, cela expliquerait que vous soyez républicain de cœur. Tu vois combien ma chère femme a d'esprit ! Elle se surnomme elle-même la vicomtesse de Chocolat ! »

Ce que M. de Chateaubriand n'avait pas prévu, c'était la jalousie de Mme Pâques. Une jalousie rampante, un aimable serpent, qui s'enroula autour de moi. Ce que moi je n'avais pas prévu, ce fut le pire, qui arriva, à l'heure dite, devant notre porte.

Comme je n'avais songé qu'à abriter les amours de mon vieux Don Juan, je m'étais senti Leporello et je n'étais pas allé plus loin dans mes espérances. Cet emploi imprévu me comblait.

Je n'avais pas imaginé que la lectrice qui viendrait de Saint-Malo me plairait à ce point, et à l'instant même où je la vis.

Je m'étais marié tôt et j'avais voulu faire durer le plus longtemps possible ma jeunesse. Sous la Restauration, le siècle commençait et tout le monde, comme moi, voulait que la jeunesse du monde soit aussi la sienne. Depuis trente ans, tout ce qui comptait était jeune – la jeunesse de Saint-Just, de Bonaparte, des romantiques, la jeunesse des artistes et des théâtres, c'était une seule et même histoire. Personne en ce temps-là ne parlait de vieillir, sauf Chateaubriand, dont c'était un des sujets de prédilection. J'avais eu mes premières aventures à Boulogne, puis quelques bluettes à Londres dans une langue que j'entendais mal, quand je rencontrai la future Mme Pâques, chez des commerçants amis dans le faubourg Saint-Germain. Je songeais d'abord à l'amour, et le mariage ne me sembla pas en contradiction. Elle m'avait paru parfaite, une blonde, à la peau de pêche, riante et assurée, qui me trouvait magnifique. Elle me donna des raisons que la raison ne connaît pas, je crus donc que mon cœur parlait. Les débuts de notre union furent dignes d'un roman. Elle ouvrit son petit magasin, seule, en femme de tête, j'achetai ma clientèle. Notre fils, François Pâques, naquit au bout de deux ans.

Je racontais tout à Zélie de mes courses mondaines, de ce que j'apprenais en coiffant les duchesses, les fausses marquises, les comédiennes du Théâtre-Français et les fausses comédiennes qui n'avaient eu qu'un second rôle à la porte Saint-Martin. Les fausses faisaient toujours des carrières plus intéressantes. Je les envoyais acheter des rubans et des gants chez ma femme. Je dus, dans ces premières années de mon établissement, une certaine renommée à ma qualité de coiffeur de Chateaubriand. Je coiffais Jules Janin, qui écrivait dans tous les journaux, et en particulier dans *L'Artiste*, cette belle revue de combat des romantiques, où M. de Chateaubriand avait publié un article sur les aménagements de la place de la Concorde, Balzac une nouvelle et pour laquelle Delacroix, Devéria et Célestin Nanteuil faisaient des gravures que je découpais. Nanteuil se coiffait à la Raphaël, avec une raie au milieu et des cheveux longs, il ressemblait à un génie de la Renaissance. Il ne donna pas grand-chose.

Toute cette jeunesse, je la devais à ma chère Zélie, qui aimait l'art, les poètes, les sentiments purs. Le dimanche, nous allions sur les bords de la Marne, où il n'y avait pas grand monde, à la différence d'aujourd'hui. J'insiste sur ces détails pour retarder le moment où je raconterai comment je devais la trahir. Je devais ?

VIII

J'attendais de Saint-Malo une tout autre apparition. J'avais imaginé une fille de druide, la jeune Velléda que Chateaubriand a décrite dans *Les Martyrs*, en robe blanche, la taille fine et de longs cheveux dénoués, les yeux illuminés par la lecture de l'Enchanteur. J'en riais plutôt. J'avais prévu aussi une petite boulotte au nez en trompette, savante et spirituelle, qui aurait grandi aux craquelins et au beurre salé et aurait appris le latin chez les sœurs du pensionnat de Moka. J'en riais, imaginant la déception de mon vieux séducteur, qui préférerait sans doute la druidesse chlorotique. Je me disais pourtant que j'aimerais mieux avoir la seconde en pension à la maison. Au moins, nous n'allions pas nous ennuyer et ce serait l'occasion de s'instruire un peu en lui demandant ce que l'on apprend de nos jours aux jeunes filles de Bretagne.

Tout était prêt. La chambre attendait l'invitée. Le parfum de mystère nous grisait. Chateaubriand était fébrile, ses rhumatismes se calmaient. Mme Pâques aussi s'était calmée, elle se disait qu'elle allait enfin rencontrer M. de Chateaubriand. La clef de mon petit placard de Barbe-Bleue pendait à la vue de tous, à mon gousset, avec ma montre en or et mes breloques.

Elle était habillée en homme. Elle était noire de peau. Elle avait les cheveux courts. C'était beaucoup. Notre romantisme était battu à plate couture. Mme Pâques, ma sublime Zélie, avait l'air d'une égérie de province. C'était une catastrophe.

L'invitée me vit dès la porte cochère :

« Etes-vous M. de Chateaubriand ?

— Vous me faites trop d'honneur, mademoiselle. Il vous attend. »

Chateaubriand, un instant plus tard, surgissait, comme un tigre. Il avait oublié son âge. Je l'avais coiffé le matin et il était le plus brillant du panthéon des auteurs de génie depuis Homère. Son œil pétilla en la voyant. Son sourire était au point depuis des décennies. Elle était petite et menue, simple et fraîche. L'art de la coiffure est tout d'exécution. Une coiffure réussie cela se voit dans le premier regard que le client jette au miroir. Il jubilait de découvrir que sa correspondante était mulâtre. Ce matin-là, l'œil de M. de Chateaubriand était irrésistible :

« Vous vous trompez, saluez donc M. Pâques. Jeanne d'Arc à Chinon ne s'était pas méprise en reconnaissant le Dauphin, vous voyez bien que M. Pâques est un peu plus jeune tout de même. Entrons vite. »

C'était étrange qu'elle ait fait cette erreur, comme si elle l'avait imaginé de mon âge. Il l'entreprit dès l'escalier. Il lui dit qu'elle lui rappelait Ourika, l'héroïne du roman de son amie la duchesse de Duras, qui avait tant de succès, presque autant qu'Atala sa petite Indienne. Le roi Louis XVIII avait même dit qu'Ourika était « une Atala de salon », avec son héroïne noire. Elle souffre de ne pas pouvoir aimer, à cause de sa couleur, dans une famille de la noblesse, le jeune homme qui s'est épris d'elle. Chateaubriand précisa son compliment, en disant à la belle qu'elle avait l'air d'une Ourika qui serait heureuse. Elle répondit en riant :

« Je l'ai lu, bien sûr. J'aime beaucoup les romans signés du beau nom de Duras. De quoi mourir, vraiment. Mais je préfère *Atala*...

— Je vous prêterai les autres romans de Mme de Duras, *Edouard* et *Octave*.

— Je les ai lus aussi.

— Adolphe, cette petite a tout lu ! »

Elle avait trop lu, c'était clair. Elle était trop belle, trop franche. Elle lui plaisait. Elle me fixait du regard. Il était resté lié avec Claire de Kersaint, duchesse de Duras et romancière. Elle avait épousé, en exil à Londres, Amédée Bretagne Malo de Durfort-Duras, au formidable triple prénom. Il la considérait comme sa sœur de cœur, celle qui avait remplacé Lucile, sa sœur préférée, morte trop tôt.

Il pouvait bien, en pensant à elle, s'éprendre, dans sa vieillesse, de sa plus célèbre héroïne. Il avait aimé, à l'époque de ses voyages, ces Amérindiennes à la peau brune, il pouvait avoir envie de s'en souvenir une dernière fois, et s'enflammer pour cette nymphe sombre. Il pouvait surtout, avant de paraître devant Dieu, vouloir racheter les fautes de son père : cette jeune métissée venue de Saint-Malo pouvait effacer les images de celles qui étaient mortes à fond de cale, déportées comme esclaves, vendues pour que M. de Chateaubriand père puisse acheter son donjon. Avec cette raison inavouable, et peut-être fausse, cette Ourika inattendue avait toutes les qualités du monde.

Sans compter celles qui pouvaient me séduire moi, avec mon prénom de roman de Benjamin Constant. Je pensais trop au bonheur de M. de Chateaubriand pour me dire que cette jeune fille singulière me plaisait, je redoutais trop les lubies récentes de Zélie pour montrer quoi que ce soit. Je fis l'amphitryon de vingt-neuf ans, qui accueillait avec une affection filiale cette magicienne de Bretagne. Chateaubriand n'avait pas jeté un regard à Zélie, qui baissait les yeux.

Il intervint, avec une amabilité de diplomate : « Vous savez, cher Adolphe, que je ne suis jamais encore venu chez vous, faites-moi tout voir. »

Je tremblais qu'il ne trouvât mon placard.

Je le fis entrer. La première réflexion qu'il fit fut celle-ci :

« Vous avez là une fort jolie maison et des mieux tenues, si ce n'est que je m'étonne, chez vous qui aimez tant les livres, de n'en voir aucun. Chez nous, dans notre palais trop petit, nous en avons trop, il faudra que vous en preniez quelques-uns à chacune de vos visites. »

Je lui expliquai que des soucis d'économie m'avaient amené à devenir client d'un cabinet de lecture du boulevard Saint-Germain. Je rendais les livres aussitôt lus. Ce que je n'osais lui dire c'est que pour les plus beaux, je n'avais pas besoin de les garder chez moi. Je les savais. J'avais ma bibliothèque avec ses rayonnages bien organisés à l'intérieur de la cavité de mon crâne.

Il ne dit rien, mais dès le lendemain, un commis me fit porter l'édition Ladvocat de ses œuvres, qui n'étaient pas encore complètes, puisque le plus beau manquait, qu'il voulait peaufiner encore, ses *Mémoires*. Le coursier apporta aussi les romans de Mme de Duras et un choix de poésies. Je n'eus pas la naïveté de croire que ces beaux volumes reliés de cuir vert étaient uniquement pour moi. Sur la tranche, délicatesse extrême, il avait fait dorer mon chiffre, les lettres A.P., car il avait un relieur personnel qui avait dû travailler dans l'heure. Il fallait songer à distraire et à occuper la belle Ourika – elle ne s'appelait ni Velléda ni Cymodocée, mais bien Sophie – durant ce séjour à Paris dont je n'osais demander la durée. J'installai moi-même les livres dans sa chambre. Chateaubriand y avait ajouté des partitions rares. Elle choisit tout de suite la transcription de cette suite de ballet de Beethoven que peu de gens connaissent. En l'écoutant, j'imaginais Prométhée enchaîné à son rocher, le foie dévoré chaque jour par l'aigle de Jupiter.

Ces volumes de chez Ladvocat sont pour moi une relique de ces journées, de ces années. Le premier porte sur la page de garde d'une haute écriture à peine tremblée : « Pour mon cher Adolphe Pâques, son ami, Chateaubriand. » Je sus par un des neveux de M. Joseph Joubert, qui avait été son plus vieil ami et lui avait trouvé le surnom de l'Enchanteur, qu'il n'avait pas eu mieux sur l'édition originale du *Génie du christianisme*, qu'il conservait pieusement dans la salle de billard-bibliothèque de leur belle maison de Villeneuve, sur les bords de l'Yonne, là où *Les Martyrs* avaient été composés.

Ce que le grand homme attendait de moi était clair : nous entreprendrions, Mlle Ourika-Atala et moi, des séances de lecture admirative suivies de conversations littéraires, qui la mettraient au fait de tout ce qui concernait notre illustre voisin et la feraient patienter jusqu'à l'heure de la visite, qu'il promit de lui faire chaque jour, en fin d'après-midi, « pour éclaircir quelques détails de la vie malouine, nécessaires à la relecture des premiers livres de mes mémoires, avant de les faire déposer à la société éditoriale, ces forbans qui sont propriétaires de ma postérité ».

Chateaubriand poursuivait : « J'ai vendu mes *Mémoires*, je vous l'ai dit déjà. J'avais besoin de subsides, j'avais le pied sur la gorge, toujours à court d'argent, depuis ce nouveau souverain, abject usurpateur qui nous met à la rue. Les charités de Mme de Chateaubriand aussi achèveront ma ruine ! Je finirai au milieu de ses pauvres ! Je n'écris plus que pour eux, mes pages servent à secourir des misères que seule la sainte femme connaît. Une femme qui aime les bijoux, c'est terrible, mais une femme qui aime les pauvres, c'est sans fond. En plus, elle ne lit rien. Je ne sais pas ce qu'elles valent, mes pages, je vous en lirai encore si vous voulez, mais je puis dire, déjà, que c'est une bonne œuvre ! J'ai hypothéqué ma tombe. »

La vérité était, bien entendu, un peu différente. Dit comme cela, c'était si beau – il nous avait sorti au passage trois phrases de sa préface, avec en plus la drôlerie de sa conversation, que ses lecteurs ne devinent pas toujours. Il me prit à part pour m'obliger à accepter quelques louis pour les frais de notre pensionnaire, mais surtout pour me demander si ces séances de lecture avec elle ne me gêneraient pas. Je lui répondis que je me sentais le jeune homme de compagnie de quelque princesse orientale. « Jeune homme, cher Adolphe, tu l'es assurément, et il est des moments où j'aimerais avoir ton âge. Je suis terriblement jaloux de ta jolie tête à l'antique ! »

« À l'antique », il me mettait au musée ! Nous ferions donc, elle et moi, des progrès en littérature. Je me décidai à lire tout ce que je ne connaissais pas encore : l'*Essai sur les révolutions* et *De la liberté de la presse*, les autres livres politiques, pour me mettre un peu de plomb dans la cervelle. Je me réjouissais d'avance de ces découvertes. Je cherchais surtout les lectures les plus sérieuses possible. Je regardais les yeux noirs de la jeune Malouine, Sophie. Je tremblais de peur devant cette mosaïque de bonnes intentions. À son pavement, je venais de reconnaître l'Enfer.

IX

Elle m'avait apporté le brouillard, les brumes et le vent salé. Comme je les imaginais à Saint-Malo, une ville que j'allais découvrir bien plus tard, à cause d'elle. Le brouillard, pour moi qui n'aimais que les lignes nettes et qui haïssais l'imprévu. Elle me raconta ce qu'avait été sa vie. Elle me dit comment elle s'appelait. Elle me laissa deviner son vrai caractère. Elle avait une fermeté qui me faisait peur, un caractère trempé, un sérieux qui la rendait quelquefois glaciale, puis elle s'animait. Un regard tranchant comme une lame. Elle avait dû souffrir de son isolement. Elle était d'une solidité de navire qui survit à toutes les tempêtes. Elle donnait aussi, à d'autres moments, envie de la réconforter et de lui dire qu'elle était ici en sécurité, que la vie n'obligeait pas toujours à se battre et qu'elle n'avait pas à avoir peur de l'avenir. Je me trompe peut-être, je n'ai pas eu assez de temps pour la connaître ; je ne l'ai pas assez fait parler. Elle ne s'épanchait guère. Elle était arrivée déguisée en soldat de Mozart, elle sortit de jolies robes de sa malle. J'imaginais qu'à Saint-Malo, voir des jeunes filles à la peau sombre était moins rare qu'à Paris.

Autant aller au fait, dire tout de suite ce qui m'est arrivé ce premier jour.

Il faut ici une brève interruption, une coupure. Je reprendrai le récit dans quelques lignes.

Il y avait deux hommes en moi, et je ne l'avais pas compris. Le bon M. Pâques, le coiffeur bien coiffé, le bonhomme dont on se moque et que ses amis imitent au dîner mensuel des grands coiffeurs. Et un autre, qui existait aussi et que je ne voyais pas quand je me regardais dans la glace. Un Adolphe Pâques qui n'avait pas mon visage, pas ma stature, qui ne me ressemblait pas, mais qui était moi, aussi : celui qui lisait à haute voix les pages de M. de Chateaubriand. Celui qui aurait voulu aller aux Amériques, à Jérusalem et aux Indes, celui qui aurait aimé écrire.

Ce second Adolphe s'éveilla au premier des regards de la jeune Malouine. Si j'étais si bien avec Zélie, ma femme, si je ne concevais pas de la quitter, c'est parce qu'elle ne s'adressait qu'au premier de ces deux hommes. Elle ne s'était même jamais aperçue que l'autre existât. Elle avait des excuses. L'autre ne sortait que rarement de sa torpeur, enfermé depuis des années, depuis mes solitudes de Boulogne au pied de la colonne de la Grande Armée. Il sortait de sa cachette de bronze, l'autre, quand j'étais seul, à lire, quand je rêvais. Quand j'ai eu trente ans, peu après ces événements, j'ai même pensé qu'il était mort. Que je ne le reverrais plus, que je ne serais bon qu'à rire, à vivre bien, et à entendre mes amis se moquer de mon accent du Nord. Dès que je parlai avec elle, je compris qu'il existait vraiment, ce frère intérieur, ce héros que j'avais cherché à étouffer parce qu'il était moi et ne me ressemblait en rien. Avec elle, si sérieuse, je n'aurais pas envie de rire, de déjeuner au jardin ou de complimenter la cuisinière. Elle avait le même ton que les phrases de Chateaubriand. Elle me faisait lever la tête. Mieux que la meilleure des interprètes, des comédiennes, des lectrices. Un don naturel, une voix, que j'entendis aux premiers mots. C'est ce que j'aimai, tout de suite, en elle.

Elle parlait à mon double. Elle me voyait comme moi-même je n'avais pas osé me voir, et depuis qu'elle me voyait ainsi, j'existais. J'étais un être véritable, celui qui mériterait un jour d'avoir une statue au milieu des nuages au sommet de la colonne de ma grande armée.

J'ai résisté tant que j'ai pu. Je l'ai mise à l'écart, j'ai tout fait pour l'éloigner, pour la fuir. J'aurais voulu la renvoyer en Bretagne, l'expédier à Rome, l'offrir en esclave au pape et la faire embarquer pour Constantinople, je voulais pour elle un couvent à Jérusalem ou une hutte dans les forêts de Sibérie. Le grand homme l'avait logée chez moi. Elle réveilla en moi un monde de vertiges, elle me parla tout de suite comme si j'étais ce héros dont je n'avais jamais pu voir le visage – moi-même, éclatant, dont je saisissais le reflet au centre d'un disque noir et glacé, quand je me mettais en face d'elle et que je la regardais. Nous arrêtions alors de lire. Ses yeux n'étaient pas noirs pourtant. Ils avaient une changeante couleur de gris tirant sur le brun et l'or, dont le soleil faisait varier l'intensité, un fruit sur l'arbre après la pluie.

X

Une jeune femme noire à Paris, vêtue à la mode, faisait son effet. Les passants se retournaient pour mieux la voir, pour lui demander de leur montrer les paumes de ses mains, bien blanches. Cela me fit horreur. Je la plaignais, j'enrageais contre la bêtise de ces malotrus. Nous limitions ses sorties, je la maintenais le plus possible à la maison. Elle sortait sans moi, elle n'était pas habituée à rendre des comptes.

Elle était libre, je n'avais pas reçu mission de la mettre en cage. À Saint-Malo, presque personne ne prêtait attention à sa peau sombre, me disait-elle. Les armateurs ramenaient parfois en Bretagne, de leurs voyages, des domestiques de couleurs variées, pas exactement des domestiques, mais des nourrices, des jeunes filles pour faire la lecture ou pour cuisiner, des beautés qui vivaient avec toute la famille sans que personne n'y trouve ni à redire ni à commenter, sans que les voisins s'exercent trop non plus au petit jeu des ressemblances. C'est ce qui était arrivé à ma nouvelle héroïne. Elle portait un vieux nom de la ville, de ceux qui font taire les caquetages, un nom de malouinière et de vieil hôtel *intra muros*. Elle avait des sœurs à la blancheur d'hermine, bien établies, et des frères capitaines au long cours, prêts à reprendre les lucratifs voyages de cette dynastie qui bourlinguait et coursait déjà sous Henri II. Son nom sentait la mer, l'opulence, le danger, la bonne éducation et l'histoire de Bretagne, les commodes en bois exotique cirées comme des miroirs et les cartels en écaille. Dans le grand salon de la maison de Saint-Méloir, refait au commencement du règne de Louis XVI avec ses boiseries blanches réchampies en bleu ciel, la couleur de sa peau avait trouvé un écrin. Elle n'en savait rien, exactement comme la jeune Ourika dans le roman, n'y prêtait pas attention et n'en parlait à personne.

Ourika comprend dans le même instant qu'elle est amoureuse, qu'elle a la peau noire et que, pour cette seule raison, elle ne pourra jamais vivre avec celui qu'elle aime et qui l'aime. Mon Ourika-Sophie avait grandi elle aussi dans une grande famille, très libérale, où personne ne s'était soucié de lui parler de sa couleur, où tout était permis, où on lisait Rousseau. Tout, les jeux, la musique, les livres, les spectacles, l'amitié, les voyages, les aventures les plus étranges, tout, sauf l'amour vrai et le mariage. Ourika-Sophie voulait être Héloïse, vivre comme dans les romans. Son envie d'amour la renvoya à la dureté du monde, à l'injustice du siècle, au triomphe froid de la raison. L'Ourika du roman avait préféré mourir plutôt que de survivre à son désespoir. Mlle Sophie de Kerdal, puisque c'était son vrai nom, avait su tirer parti de sa naissance plus tardive, la Révolution avait passé, avec la guerre de Saint-Domingue – l'île d'où elle venait – puis l'Empire – la France de Joséphine avait réinventé l'esclavage, mais au loin – et puis, chez les romantiques, son originalité avait bien des attraits. Que savait-elle, sur son rocher malouin, des romantiques ?

Elle en savait tout. Elle les connaissait comme des amis, elle rêvait de s'adjoindre à leur troupe. Elle s'était abonnée à *L'Artiste*, qui défendait les idées les plus avancées en matière de peinture et de sculpture, les modes les plus en vue et reproduisait en lithographie les scènes les plus terribles des derniers romans. Elle avait fait toute seule, par la lecture des livres et des journaux, par la pratique des cahiers de musique et des albums de dessin, la révolution romantique dans Saint-Malo. Elle avait écrit à M. de Chateaubriand, et il lui avait répondu. Elle arrivait à Paris, en habits d'homme, éduquée comme une jeune fille d'autrefois et plus au fait des jeunes gens d'aujourd'hui que si elle eût passé à Paris dix années à aller aux théâtres, aux ballets, aux Salons de peinture. Avec tout cela, elle aurait pu n'être qu'une précieuse ridicule. Elle était d'abord jolie. Ensuite, une finesse naturelle l'empêchait de tomber dans les pièges qui s'offrent à tout instant sous les pas de la femme éprise de littérature. Quand je lui parlai du *Dernier Abencérage*, ma grande admiration, elle me dit : « Ce qui est surtout frappant, c'est tout ce qui doit se passer entre les scènes et dont l'auteur ne nous dit rien. » Je n'y aurais jamais pensé. Je la regardais sans la comprendre, ou plutôt, sans comprendre pourquoi je la regardais.

La maison de la rue du Bac était belle, avec sa cour intérieure, son immense porte cochère ornée de sculptures, elle avait une fière allure aristocratique, mais les Chateaubriand n'y occupaient qu'un assez petit appartement, peu propice aux réceptions, entre cour et jardin, où ils avaient rassemblé des souvenirs. Céleste avait sa volière pour ses chers oiseaux, son seul luxe de vieille dame, sa meilleure compagnie, disait-elle.

Dans ce qui servait de salon, il y avait au mur des paysages et des souvenirs de voyages, plus, dans le cabinet de travail, quelques objets plus secrets, dont je finis par comprendre qu'ils évoquaient, par associations d'idées, les femmes qu'il avait aimées, trésor de bibelots que Céleste surveillait en souriant, satisfaite de la poussière.

Pas vraiment de bibliothèque : les rayonnages étaient dévastés, sans grands livres, car

M. de Chateaubriand avait fini par les vendre presque tous, et, au bas de ces planches vides, des piles d'ouvrages non coupés jonchaient le sol, envoyés par des libraires ou par de jeunes auteurs qui lui adressaient des hommages avec de flamboyantes dédicaces qu'il regardait à peine. Ces livres-là n'avaient pas eu l'honneur d'être hissés jusqu'aux étagères et tout le monde s'y prenait les pieds. Personne n'avait le droit d'y toucher, jusqu'à ce que le maître ait dit, ce qui arrivait deux fois l'an, « Il faudrait commencer un peu le tri », et alors, Céleste et Daniélo faisaient tout disparaître, avant que le courrier du lendemain ne rapporte une dizaine de livres, le commencement de la fournée du semestre suivant.

Mon prédécesseur était un valet. Il le rasait en l'appelant monsieur le Vicomte, Maître, monsieur le Ministre. J'ai adopté avec lui un style moderne, qui je crois lui plaisait, je lui donnais tout simplement du monsieur, il m'appelait Adolphe avec un regard paternel. Dans le particulier, il aimait rire et ne semblait pas toujours croire à son personnage. Dès qu'il était en public, tout changeait. Il devenait le plus grand écrivain de son temps, l'homme d'État, le diplomate, l'opposant qui avait tenu tête à « Buonaparte » et qui méprisait ouvertement le gros « Philippe ». Il ne riait jamais en société, ne plaisantait plus et racontait ses voyages en prévoyant ses effets : crocodiles, cataractes et clairs de lune, inlassablement – et pour les grandes occasions, l'entrée à Jérusalem le jour de la Saint-François, sa fête, ou sa conversation avec George Washington. Même devant Mme Récamier, sa belle Juliette, il n'était pas aussi libre, aussi enfant, qu'avec Céleste et moi.

Ces bibelots, c'était sa vie posée sur des étagères. Une gravure de Washington, qu'il disait avoir rencontré dans sa maison de Mount Vermont, une pierre ramassée au Saint-Sépulcre, une coupe remplie de sable du Sinaï, des portraits en miniature de Louis XVI et Marie-Antoinette auxquels il avait été présenté à Versailles, une carte de la ville de Saint-Malo, un chat de pierre noire qui lui rappelait Combourg, sorte de fétiche tutélaire qui hantait ses nuits depuis la grosse tour où son père l'enfermait en lui disant « Monsieur le chevalier auriez-vous peur ? », un caillou rejeté par les trombes d'eau de Niagara, ce site devenu si célèbre et qu'il avait été un des premiers à visiter, une vue du château de Prague, où il était arrivé à pied, des gravures d'après l'histoire d'Atala et même une pendule que lui avait offerte une duchesse montrant les funérailles de son héroïne entre le beau Chactas et le père Aubry dans son capuchon d'ermite, qui devait lui tenir bien chaud dans les forêts du Nouveau Monde.

Ce que j'aimais le mieux, mis à l'honneur sur le bureau, c'était un encrier offert par le Tsar : socle en marbre jaune, portant un groupe de bronze représentant Amour et Psyché. La statuette se soulevait. L'Amour faisait buvard. On découvrait deux godets de verre, l'un pour l'encre, l'autre pour la poudre. Ce fut le duc de Lieupart qui en hérita, Dieu sait pourquoi, à la mort de l'écrivain, qu'il n'avait que fort peu connu.

Chez nous, en revanche, il n'y avait pas de souvenirs, pas d'objets : Zélie n'aimait posséder que ce qui nous était utile, sage conduite. Je m'étais borné à ranger, dans la chambre de ma mère, les premiers instruments que j'avais achetés quand je faisais mon apprentissage. Je les gardais sans doute avec trop de sentiment.

Et puis, dans cette chambre, il y avait ce placard que je fermais à clef et que je n'ouvrais pour personne.

XI

Mme Pâques, dès la première semaine, s'éloigna de moi. Ou plutôt, elle continua son commerce, sa vie, ce petit train-train qui jusqu'alors me charmait et comblait les vides de mon existence. Les vides : tout ce que M. de Chateaubriand n'occupait pas. Les moments où je n'allais ni chez lui, ni chez Mme Récamier, ni chez les dames éperdues qui me demandaient de ses nouvelles. Zélie avait fait très vite de grands progrès dans sa manière de se montrer jalouse. Elle était devenue stratège, elle s'éloignait parce que je cessai de m'intéresser à elle et que cela se voyait trop. Mes vrais moments de vie étaient ces conversations de l'après-midi, quand j'étais seul avec Sophie – quand elle attendait M. de Chateaubriand. Nous parlions de livres sans pouvoir nous arrêter. Elle les aimait autant que moi. Elle avait deviné, dès le troisième jour, le premier de mes grands secrets, ma mémoire. Je me laissais aller devant elle à ma folie, à réciter par cœur des pages entières. Elle fut la première, et à ce jour la seule, pour laquelle s'ouvrit la bibliothèque de l'intérieur de ma tête, ces étagères qui tournaient en spirale dans mon cerveau. Je la laissais déambuler en moi, et j'en faisais autant chez elle, d'esprit à esprit, les yeux dans les yeux. Elle commençait un paragraphe, je l'achevais. Elle se lançait dans une phrase que je ne connaissais pas, et à peine l'avait-elle finie que je la savais à mon tour et pouvais la lui redire. Me la redire d'abord intérieurement, bouche fermée, et ainsi cette phrase se rangeait, à une place nouvelle, parmi mes trésors.

Nous étions deux bibliothécaires qui se faisaient visiter leurs réserves mutuelles, mais nos livres étaient en nous – et c'est au fond de ses yeux que je pensais toujours, avant d'entrer dans les pages dont elle me laissait la clef. Je l'explorais, je caressais les lignes, je dévorais ce qu'elle me montrait.

Elle lisait : « Dans les flancs de cette montagne s'ouvrait une route inconnue », je poursuivais en sourdine, alors qu'elle terminait la phrase : « L'entrée en était fermée par des buissons d'aloès et des racines d'olivier sauvage. »

Elle ouvrait un autre volume au hasard :

« Le Maure sentit son cœur se serrer à la lecture de cette lettre. Il partit de Malaga pour Grenade avec les plus tristes pressentiments. Les montagnes lui parurent d'une solitude effrayante, et il tourna plusieurs fois la tête pour regarder la mer qu'il venait de traverser. »

J'avais abandonné toute défense, elle avait cessé de se surveiller. Nous étions deux jeunes fous, atteints du même mal, qui laissent déborder une passion toujours tue, toujours contenue, et qui enfin s'épanouissait. J'étais heureux. Je le sentais. Elle aussi. Nous ne nous approchions pas trop l'un de l'autre.

Chateaubriand conservait dans sa chambre une bouteille de verre sombre, couleur bleu nuit, fermée par un bouchon d'or, merveille d'orfèvrerie qui eût mieux convenu à un flacon de cristal, où alternaient, en relief, des colombes, des croix et des fleurs de lys. Je me suis demandé longtemps quel pouvait être l'onguent, l'élixir précieux, que contenait ce flacon qui ne portait aucune étiquette de parfumeur. « Je vois, Adolphe, que cela t'intrigue. Rassure-toi, je ne me fournis pas chez un de tes concurrents. Ce n'est ni l'huile de Macassar, ni la double pâte des Sultanes. C'est un flacon d'eau. »

Cette bouteille venait de Jérusalem. Il l'avait rapportée de son voyage en Terre sainte. Elle ne portait alors, comme une gourde de voyageur, qu'un bouchon de liège. C'était un prodige de ne l'avoir pas brisée, dans ses voyages à dos d'âne et dans des charrettes peu sûres, lors de son retour par Carthage, Tunis, l'Espagne et l'Alhambra de Grenade. « Dans cette bouteille, j'ai voulu rapporter un peu d'eau du Jourdain. L'eau du fleuve où saint Jean a baptisé le Christ, une eau qui a des siècles et qui, puisque sa source coule encore, est chaque jour nouvelle. »

Il l'avait offerte, non à la duchesse de Berry comme certains l'ont dit, mais au roi Charles X lui-même, pour le baptême du duc de Bordeaux, l'enfant du miracle, héritier du trône légitime, son roi. « Quand je l'ai remplie, en 1806, je n'en prévoyais pas l'usage. Je l'avais voulue comme une relique pour ma maison. »

Je n'avais pas tout de suite compris. Je ne saisis le sens de ces paroles que plus tard, quand je coiffais Mlle Hortense Allart de Méritens. Il lui avait, à elle aussi, montré la fiole d'eau du Jourdain. Il avait dû être, avec elle, plus explicite, et pour cause. Elle me mit les points sur les i. « Pour ma maison » voulait dire « pour ma Maison », son illustre lignage, la famille des Chateaubriand qui depuis le Xe siècle était illustre en Bretagne et se rattachait même aux anciens rois de cette province, avait-il cru bon de redire à la belle Hortense qui s'occupait à broder pendant ce temps-là. Comme lorsque le prince de Talleyrand, sur son lit de mort, accueillait le roi Louis-Philippe par ces mots : « C'est un bien grand honneur que le roi fait à ma Maison » et tout le monde avait entendu la majuscule. La race des Talleyrand-Périgord valait bien celle des Bourbons-Orléans – et les Chateaubriand de Bretagne n'en étaient pas loin. Hortense Allart fut plus bavarde encore. À Hortense, il avait écrit, elle me montra la lettre : « Laissez-moi appuyer, ne fût-ce qu'en rêve, ma vie contre la vôtre. » Ce flacon rapporté avec l'eau du fleuve de l'Evangile signifiait simplement qu'à cette date Chateaubriand n'avait pas abandonné l'idée d'avoir un héritier. S'il en parlait ainsi, des années plus tard, à Mlle Hortense, qui était si jeune, c'est sans doute qu'il y pensait encore.

Lorsque naquit, quelques mois après l'assassinat du duc de Berry, – fils préféré du roi, qui s'ennuyait avec l'aîné, le duc d'Angoulême – cet héritier imprévu, l'enfant du miracle, Chateaubriand offrit au roi sa bouteille d'eau du Jourdain. Charles X, qui avait le sens des symboles, ne voulut rien changer à cette modeste bouteille de verre grossier et opaque soufflée dans une ruelle de Jérusalem, mais fit faire par Hodiot, le meilleur orfèvre d'Europe, un luxueux bouchon d'or massif, qui ne fut ouvert qu'à Notre-Dame de Paris, devant la Cour. On avait fait venir en procession à travers tout le pays, depuis le château de Pau, le berceau d'Henri IV qui était une carapace de tortue. Les braves gens criaient « Noël ! Noël ! » pour la dernière fois du siècle. Les larmes de M. de Chateaubriand, pair de France, ministre et ambassadeur, coulèrent lorsque coula sur le front du dernier descendant de Saint Louis, petit enfant qui hurlait à la mort, les gouttes de l'eau du Jourdain.

Le roi, qui tenait à montrer qu'il était le premier gentilhomme de son royaume, rendit lui-même le flacon à Chateaubriand, avec, en guise de présent, le capuchon d'or, et lui dit : « Ceci peut encore vous servir, j'avais bien demandé à Monseigneur de Paris qu'il n'utilisât pas tout. » Depuis, la bouteille, à moitié vide, était restée dans la chambre, devant les pages à moitié achevées des *Mémoires*, avec le désir, à moitié avoué, d'un enfant qu'aucune de ses maîtresses ne lui donna. Pour que cela ne croupisse pas Mme de Chateaubriand, curiste avertie, fit remplir la bouteille à ras avec de l'eau de La Bourboule. Quant au petit enfant du miracle il ne fit jamais d'autre miracle que celui de sa naissance.

Chateaubriand resta son meilleur défenseur. C'est peut-être parce qu'il avait donné l'eau de son baptême, par esprit de chevalerie, et par orgueil, qu'il se considéra comme son parrain. Quand sa pauvre mère, cette belle princesse italienne qui louchait, la duchesse de Berry se retrouva captive dans la citadelle de Blaye de ce Louis-Philippe qui avait envoyé en exil les princes de la branche aînée, on entendit pour la protéger la voix de Chateaubriand qui clamait dans le désert – celui du Sinaï, emporté à la semelle de ses bottes : « Illustre captive de Blaye, Madame, votre fils est mon roi. »

J'ai encore une petite boîte en carton bouilli qui porte cette inscription, avec un portrait de Chateaubriand, une vue de Blaye, et, à l'intérieur, un portrait de la duchesse, une boîte de contrebande, que la police du roi citoyen faisait saisir et dont j'ai sauvé un exemplaire en cachant le portrait de la proscrite sous des réglisses. Devenu un gros prétendant barbu, le duc de Bordeaux, qui préféra porter dans le malheur le titre de comte de Chambord, mourut à Frohsdorf, fut enseveli à Goritz, ville oubliée entre l'Autriche et l'Italie, où sa tombe, dans un sinistre monastère, n'est plus guère aujourd'hui visitée.

Dans le début de leur exil, les princes légitimes avaient reçu, à Prague, la visite de Chateaubriand. C'est l'une des plus belles pages et des plus connues de ses *Mémoires*. L'écrivain diplomate avait pris à part, sur ses genoux, les deux petits enfants sur qui reposait le poids de l'histoire et il avait entrepris de leur enseigner la géographie. Il leur avait raconté les pays qu'il avait vus. La cataracte de Niagara et les faubourgs de Jérusalem, les ruines d'Athènes et les nouvelles églises de Londres. Le petit prince n'avait pas cillé, sa sœur, Mademoiselle Louise, tremblait à l'évocation des crocodiles. Un futur roi sans couronne ne doit avoir peur de rien. Celui qui ne fut jamais Henri V s'exerçait, petit enfant, à avoir le courage d'Henri IV. Aujourd'hui, toutes ces chimères sont mortes, plus personne ne s'y intéresse, à part moi.

Comme le bouchon d'Hodiot était un chef-d'œuvre, l'eau ne s'évapora pas. L'année 1848, celle qui vit s'effondrer l'usurpation de Louis-

Philippe, M. de Chateaubriand me fit remarquer d'une voix faible qu'il y avait encore de l'eau dans cette bouteille. Son Henri V n'avait pas d'avenir et je crois que Chateaubriand avait compris qu'il n'en aurait jamais. Je crus d'abord qu'il voulait dire : « Le peuple a chassé Philippe, le temps où ma bouteille à baptiser les princes pourra resservir est de retour. » Mais ce n'était pas cela. Chateaubriand allait mourir quelques jours plus tard. Il me regarda avec un sourire d'une grande douceur, que je lui avais rarement vu :

« Tu te souviens, Adolphe, de la première fois où tu m'as demandé ce qu'il y avait dans cette fiole. Elle t'avait fait rêver, avoue, ma bouteille d'eau du Jourdain. Moi aussi, tu sais. C'était le temps des espérances. Tout cela est bien fini. Je crois que ce que nous allons voir, ce sera le sacre du peuple, et c'est tant mieux, c'est l'avenir. Le temps est fini où les poètes voyageurs baptisaient les rois. Tu verras cela toi, tu deviendras député, tu as l'intelligence, l'instruction, les idées. Si elle te plaît, Adolphe, cette bouteille, je te la donne, en souvenir de mes voyages. »

Je restai confondu. À cette époque, je ne le supportais plus, je faisais bonne figure en venant le voir, il était très diminué, je croyais qu'il ne me voyait même plus, je fus surpris de ce cadeau dont je ne sus que penser, ce fut, en apparence, comme une réconciliation.

Plusieurs années plus tard naissait mon second fils et je l'ai baptisé avec l'eau du Jourdain. J'ai demandé à mon curé, avec les mots du roi de France, de ne pas utiliser toute la bouteille. Ce sera la Sainte Ampoule de notre famille, j'en fais ici la prédiction. Aujourd'hui, la bouteille bleue à goulot d'or trône dans notre foyer, à Fontainebleau. Je pense que mon fils aurait pu ne jamais naître. Il faut que je raconte cela aussi.

XII

Quand il venait faire à Sophie sa visite quotidienne, je quittais les lieux. Le premier et le deuxième jour ce fut par discrétion, pour ne pas laisser croire que je les surveillais. Je ne savais pas vraiment ce que le vieil homme voulait d'elle. Elle ne me raconta jamais ce qui se passait pendant les heures de tête à tête, ces minutes de bonheur dont j'étais exclu et où elle était captive. Exclu, doublement. Elle prenait ma place. Il arrivait avec des papiers. C'était sur elle maintenant qu'il essayait ses *Mémoires* – elle devenait à son tour la servante de Molière. Servante maîtresse ? Il me dit qu'il préparait pour la fin de l'année une nouvelle série de lectures des meilleures pages devant un petit cercle choisi, chez Mme Récamier, comme toujours.

Ce mois-là, je dus le coiffer, à sa demande, plus encore que de coutume. Il ne me lut plus rien. Je ne servais plus. J'étais juste bon à entendre, le ciseau et le rasoir à la main, les lettres courantes qu'il dictait au secrétaire. Je n'osais rien dire. Je n'osais pas lui faire comprendre que Sophie et moi nous devenions amis, grâce à lui.

Je tremblais de deviner que – grâce à moi – ils osaient devenir amants. Sous mon toit. Je n'osais pas lui avouer que ses lectures me manquaient, ou que s'il voulait les faire à Sophie, il pouvait nous avoir tous les deux comme public. Je cachais tous ces tourments à ma chère femme, si belle, qui se plaignait de me voir maussade et lointain. Ma joie qui s'en allait.

Elle me crut fatigué par le travail : bien vite, je n'eus plus aucune ardeur à la tâche, et j'oubliai d'aller chez deux ou trois clients d'importance qui me firent connaître leur mécontentement.

Peu m'importait. Je souffrais déjà au bout d'une semaine de ce régime. J'envoyais le monde à tous les diables. Je passais une heure ou deux à tourner autour de chez moi, à pousser mon enfer jusqu'à la rue d'Enfer, où se trouvait la fameuse « Infirmerie », paradis de la bonne Céleste, jusqu'à l'Abbaye-aux-Bois, où l'Enchanteur vieillissant trouvait toujours le temps de se rendre, jusqu'au jardin du Luxembourg, en attendant qu'ils aient « fini ».

Sans moi, sans témoin, dans ma chère petite chambre, devant mon placard fermé à double tour, en secret, François-René de Chateaubriand, j'en étais convaincu, vivait son dernier amour.

XIII

Ces promenades que je m'infligeais ressemblaient de plus en plus à des labyrinthes. Je n'osais pas rentrer rue de la Planche. J'avais peur de les trouver ensemble. J'avais peur de les voir. Je voulais arriver après le départ de Chateaubriand pour ne pas l'entendre me remercier. J'avais senti que le désert s'étendait entre lui et moi. Il lançait ses crocodiles, ses bédouins, ses étendues de sable, Niagara, Corinthe et Tunis pour que je ne puisse jamais le rejoindre, les rejoindre. Il avait dû remarquer mes regards. Elle lui avait peut-être dit que j'avais pour lui cette admiration à faire peur, monstrueuse, que je n'avais jamais osé avouer à celui qui me voyait comme son coiffeur. Un mois entier de visites quotidiennes, c'était beaucoup pour les quelques précisions topographiques dont le début des *Mémoires* était censé avoir besoin. Pour une histoire d'amour, c'était bref. Je ne savais rien. C'était le pire. Ni elle ni lui ne me racontaient. J'avais peur. Je n'arrivais pas à les imaginer ensemble dans le petit lit d'acajou de notre « chambre à donner ». Je laissais cette idée, cette image floue, dans cette pièce fermée de mon esprit où je range les pensées qui me font mal. Elle et lui, dans cette chambre, à côté du placard dont la clef pendait à mon gousset ; la chambre de la trahison. J'aurais pu rester. Rentrer sans bruit, chercher à entendre à travers la cloison pour savoir si, oui ou non… Je crois que cela m'aurait fait plus de mal encore.

Quand je revenais de mes errances dans Paris, ma femme rentrait de sa boutique. Chateaubriand était parti.

Sophie nous attendait en souriant, nous accueillait avec un rire, ou avec un petit cadeau qu'elle avait acheté pour nous – des fruits rares, des fleurs, une gravure… Elle nous racontait ses découvertes de Paris, ses promenades, ceux qui sans la connaître lui avaient parlé, simplement parce qu'elle était noire. Les robes qu'elle avait vues. Les idées qui lui venaient. Zélie goûtait ses récits. Elles étaient devenues, en quelques jours, comme deux amies. Zélie jalouse avait compris que c'était la seule arme imparable.

Zélie était intelligente. Elle était très urbaine. Elle n'avait pas mis une semaine à changer de tactique. Là aussi, le remède pouvait me tuer. J'avais les matinées avec Sophie, Chateaubriand à coiffer vers midi certains jours, Chateaubriand à fuir les fins d'après-midi, et le soir nous étions en trio, Zélie, Sophie et moi. La machine de torture était raffinée. Je m'enfermais de plus en plus dans mon mutisme, cette histoire m'échappait. J'avais mes secrets. Ils avaient tous les leurs. Je voulais jouer le rôle principal, j'étais relégué en utilité. Zélie, bonne fille, tirait Sophie vers les dernières étoffes, les recettes de cuisine, les projets d'excursion, une visite du musée d'histoire de Versailles, ma femme faisait semblant de ne pas voir le caractère de notre invitée. Sophie répondait avec beaucoup d'esprit et de joie. Elle ne vivait pas que dans les livres. Les livres, c'était ce qu'elle partageait avec moi.

Elle pouvait, après tout, s'entendre avec Zélie, sans moi : la blonde et la noire, comme dans les tableaux de M. Chassériau. Sophie nous civilisait. Je pouvais, durant ces soirées, la regarder à loisir sans que mes regards parussent gênants, c'était tout ce que je m'autorisais à grappiller dans ces moments difficiles à soutenir. Nous nous retirions, selon un rituel bien ordonné, Zélie et moi, un peu après dix heures. Sophie avait acheté d'autres partitions, certains soirs, elle se mettait au piano pour nous jouer des lieder. Elle nous traduisait les paroles des plus grands poètes allemands, Heine, Brentano, Novalis. J'ai oublié les noms des compositeurs, la seule musique qui me plaît est celle des mots. Comment avait-elle appris l'allemand à Saint-Malo ? Je ne m'en étonnais même pas.

Je n'en pouvais plus de cette comédie, Mme Pâques battait des mains et proposait à Sophie de prolonger son séjour. Je n'arrivais pas à souhaiter qu'elle accepte. Et ce n'était pas nous qui décidions.

Zélie devenait audacieuse. Elle suggérait à Sophie de revenir l'an prochain, de considérer qu'elle avait désormais sa maison de vacances à Paris. Elle ajoutait que nous irions la voir à Saint-Malo. Quand nous étions seuls, dans notre chambre, Zélie se moquait, à mi-voix, de la cour que faisait Chateaubriand barbon à cette jolie fleur de Saint-Domingue, « S'il veut refaire le succès de son pamphlet *De Buonaparte et des Bourbons*, il n'a qu'à intituler son prochain essai *Le Bonaparte des barbons* ! Il devrait se ranger, à son âge ! Il se battra jusqu'à son dernier cheveu ! Lui dire "mon dernier cheveu sera pour vous !" »

Elle me forçait à rire. En apparence, elle n'éprouvait pas la moindre jalousie et ne s'apercevait pas que j'étais comme absent. Elle me parlait de mes fatigues, de son envie d'aller se reposer sur les bords de la Marne.

Si j'avais eu à faire la guerre à ma femme, cela m'aurait permis de m'avouer que j'étais amoureux de Sophie. Comme je restais seul avec mes pensées, elles m'empoisonnaient. Avec moi, Sophie était sans affectation, elle me regardait droit dans les yeux, avec ses yeux brillants, elle se comportait comme si un secret nous unissait. Nous n'avions pas de secret.

Ce n'était pas l'amour, c'étaient seulement quelques pages récitées ensemble et le sang qui battait au même rythme en écoutant la musique des mêmes phrases. Quand nous étions seuls, elle et moi, tous les débuts d'après-midi, j'essayais de m'approcher d'elle, de lui saisir la main sous prétexte de lui tendre un des volumes verts de notre immortel ami.

Elle esquivait avec toujours une adresse d'escrimeuse, fuyait sans avoir l'air de se dérober, s'asseyait avec naturel sur une autre chaise. Je me disais que M. de Chateaubriand avait dû imaginer d'avance tout cela, et que peut-être il s'était même dit « Adolphe serait bien sot s'il ne tente rien ».

Elle ne manifestait aucune peur de mes assauts, elle avait su me rendre timide. Je n'avais jamais su me comporter comme cela avec ma femme : être un jeune homme tremblant qui n'ose pas.

Une fin d'après-midi, le 6 juin 1845, je rentrai plus tard qu'à l'ordinaire, plus abattu. Sophie-Ourika était partie ; elle avait laissé en évidence une lettre avec nos deux noms sur l'enveloppe, que Zélie n'avait pas voulu ouvrir tant que je n'étais pas rentré.

Je prétextai une brosse oubliée, je lui demandai de m'attendre un instant. Je fis un saut rue du Bac. Ce fut Céleste qui m'ouvrit, dans son peignoir blanc, s'étonnant que je ne fusse pas au courant : M. de Chateaubriand, « républicain de cœur », s'amusait la vieille fée, afin de rencontrer son cher prétendant au trône, Henri V, l'enfant du miracle, l'illustre exilé, venait de partir pour Venise.

XIV

Le lendemain de la mort de Chateaubriand, j'ouvris enfin le placard de la « chambre de Sophie ». Il s'y trouvait encore mon fusil à silencieux. Je pensais à elle, mon Ourika, à cette dernière lettre qu'elle nous avait laissée, pour nous remercier, d'une manière si convenue, avant de disparaître de notre vie.

Mon placard était resté fermé à Zélie, à Sophie, à tous nos visiteurs ; il ne contenait pas, bien sûr, les cheveux de mon grand homme.

Mon placard de Barbe-Bleue renfermait les pièces justificatives de ma trahison et de ma duplicité. Mon contrat avec M. de Girardin, sur papier à en-tête de son journal, *La Presse*. Il avait eu tant de mal à lui faire admettre son subterfuge, il craignait tant une dernière ruade de Chateaubriand. Une entourloupe. J'ai assuré la sécurité de ses opérations. Il m'avait placé auprès de lui pour garantir le succès d'une affaire fumante, un des plus jolis coups de librairie du siècle. J'avais juré de ne rien dire. D'autant que rien ne s'est vraiment passé comme prévu.

Je dois enfin écrire ici la vérité. Si elle venait à se savoir par d'autres que moi, au moins que ces pages soient là pour témoigner que, dans cette affaire, contrairement aux apparences, j'ai été sincère. J'ai aimé M. de Chateaubriand, j'ai aimé ses livres, j'ai voulu me dévouer à sa gloire, même malgré lui. J'ai été amoureux aussi, je viens de le raconter. J'ai acheté un fusil pour me placer dans l'axe de la rue de la Planche et l'abattre depuis ma fenêtre, sans un bruit, quand il sortait de chez lui. J'ai voulu le tuer. Je l'ai haï. Sophie est la seule femme que j'ai aimée. Il me l'a prise, alors qu'il avait déjà un pied dans le tombeau. Cet amour, je veux l'écrire solennellement, n'est jamais venu contredire la dévotion que je portais à l'auteur des

Mémoires d'outre-tombe : ce livre, c'est mon livre.

Les *Mémoires* étaient presque achevés en 1834. L'Enchanteur en avait fait une première série de lectures dans le grand salon de l'Abbaye-aux-Bois, sous un de ses portraits. Mme Récamier avait orchestré les pâmoisons. Tous en parlaient encore, devant moi, dix ans plus tard. Elle jouait de ses invités comme des notes d'un instrument, et tirait de l'un un soupir, sachant que le voisin reprendrait par une exclamation. Elle avait fait de son salon un petit violon de Crémone.

En ce temps-là, les spectacles ne se donnaient pas uniquement sur la scène des théâtres. Chateaubriand, son paquet de feuilles devant lui, mêlait les époques avec art, et les fragments rédigés en divers temps, aussi ne savait-on plus qui parlait, le tableau ou son modèle. Ces lectures, devant les meilleurs critiques, Jules Janin, Edgar Quinet, Sainte-Beuve surtout, avaient donné une publicité extraordinaire à ce livre qui n'existait pas encore. Un recueil de leurs opinions, avec un résumé pris en notes par Sainte-Beuve, avait paru, et même moi, qui étais alors à Londres dans la résidence du duc de B., j'en avais entendu parler.

Toute l'Europe se mit à attendre les *Mémoires*. Les diplomates murmuraient que M. de Chateaubriand, qui avait été ambassadeur et ministre, allait tout révéler des arrière-boutiques des congrès et des dessous brodés des conclaves. Les républicains et les bonapartistes attendaient qu'il s'engageât de leur côté, ce qui était mal le connaître. Les légitimistes avaient besoin de ce vaisseau pour regarnir un peu les rangs de la flotte du prétendant. Les femmes tremblaient qu'il ne donnât des noms, des faits, des dates ; certaines, Juliette en tête, faisaient courir le bruit qu'elles exigeraient des coupures. L'impatience était extrême. Chateaubriand comprit qu'il fallait la faire durer le plus possible, afin d'utiliser au mieux tout cet émoi ; d'où son titre, si habile, *Mémoires d'outre-tombe*, et l'idée d'en distiller déjà un peu de son vivant.

Il fallait organiser l'attente, et malgré tout, vivre le plus longtemps possible. Chateaubriand voulait jouir du spectacle. C'était Charles Quint, dans son monastère, suivant son propre enterrement derrière un pilier.

En 1836, un bon libraire, Henri Delloye, conclut un marché avec une excellente pâte d'homme qui aimait les lettres, Adolphe Sala, ancien officier comme lui. Ils regrouperaient je crois mille six cents actionnaires, qui créeraient une société, pour assurer une rente à Chateaubriand, équivalente à son ancien traitement, celui qu'il avait dû abandonner à l'avènement de Louis-Philippe. Dès les premiers jours, mille deux cents admirateurs avaient souscrit. L'impatience était immense, personne ne savait qu'il faudrait attendre plus de dix ans, en maugréant contre le vieillard qui n'en finissait pas de conclure et de mourir. En échange, la société devenait propriétaire des futurs *Mémoires*, et se rembourserait sur l'immense succès de librairie qui ne devait pas manquer de couronner ce couronnement, clef de voûte de l'œuvre du plus grand écrivain vivant, dont le moindre texte s'arrachait. Chateaubriand poursuivit donc ses relectures, traîna un peu, par plaisir, écrivit, presque sous mes yeux, sa dernière page, avant de tout reprendre du début. Je venais d'entrer à son service, en 1841. J'assistais à ces coquetteries, qui n'étaient que la peur de la mort chez un écrivain qui ne parlait que d'elle.

C'est au théâtre, au Français, dans une loge pour laquelle j'avais eu un billet de faveur par une de mes clientes actrices, que je rencontrai M. de Girardin. Je lui dis que j'aimais les livres, les journaux, le papier et l'encre, il me dit qu'il venait de perdre Eudamidas son vieux coiffeur, qui avait été ami avec Marat. Le lendemain matin, je dépliai mon attirail dans son salon. Seule l'amicale des coiffeurs parisiens parvient à mettre en œuvre cette circulation secrète, ces communications entre maisons rivales : nous sommes plus efficaces que des avocats, nous dénouons les problèmes comme les chignons, nous démêlons, nous passons les appartements au peigne fin.

Émile de Girardin, fils naturel du grand veneur de Charles X, avait l'instinct de la chasse et l'amour du beau gibier. Il avait surtout l'efficacité des patrons de presse. Sa femme Delphine était d'une rare beauté, et douée d'un esprit qui faisait fureur, un esprit qu'elle tenait de sa mère, Sophie Gay, égérie romantique.

Elle avait été une des fleurs du salon de Mme Récamier, elle connaissait bien Chateaubriand, et avait entendu les belles pages des *Mémoires*. Rien ne leur résistait. Il allait à l'essentiel. Elle visait l'accessoire, ce qui revient au même. Beaucoup de gens à Paris parlaient encore du duel au pistolet de Girardin en 1836 avec l'avocat Armand Carrel, fondateur et rédacteur en chef du *National*, journal concurrent, qu'il avait tué ; il avait une réputation du tonnerre, et me mettre au service d'un homme aussi formidable me faisait grande envie. Je connaîtrais tout le monde, j'aurais accès à tout. Il me proposa un bon logement. Je venais de rencontrer Zélie, c'est tout ce qui nous permettrait de nous installer. Il était malin. Il me parla de la succession d'un coiffeur rue de la Planche, le sien, qu'il partageait avec Chateaubriand. Girardin payait tout.

Il ne faudrait rien dire, et j'inventai ma version de la transaction avec le vieux coiffeur, celle que je racontai à mes amis et surtout à ma tendre femme, qui ne devait pas s'inquiéter. J'étais grisé. Chateaubriand était l'homme au monde que j'admirais le plus. Je dis oui à tout sans réfléchir ; je n'avais pas bien compris que, dans le pacte, il y avait, d'abord, la trahison.

Girardin ne me le dit pas. Il me tenait par contrat. Ma seule mission était vague : le tenir informé de ce qui se disait dans la maison des Chateaubriand, rien de plus. Lui rapporter les noms des visiteurs que je verrais, lui dire s'il se tenait dans ce rez-de-chaussée des complots légitimistes, des banquets républicains, ou des sabbats de druidesses. Il n'était pas encore question des *Mémoires*.

Quand Girardin m'en parla, il s'aperçut que j'étais une recrue encore meilleure que ce qu'il avait imaginé : je lui en récitai des pages entières. Il appela son secrétaire. Il était éberlué par ma mémoire digne d'un comédien. Je lui avouai que j'apprenais des pages depuis l'enfance. Il me dit qu'il craignait fort que ce livre magnifique ne paraisse jamais, et qu'il était preneur, pour le conserver à la postérité, du plus grand nombre de pages que je pourrais lui offrir. Il payait en or, à la phrase. Je ne me fis pas prier. C'est ainsi que je devins, pendant l'année 1842, un agent secret des lettres. Je n'en avais pas honte, Chateaubriand vieillissait et je me disais qu'au fond je travaillais pour la bonne cause, pour assurer la postérité de mon grand homme, au cas où son texte disparaîtrait sous les coups de griffes de Mme Récamier et de toutes ses récamiéristes, qui demandaient des suppressions toujours plus importantes.

Chateaubriand eut en moi une confiance absolue. C'est cela qui me fait honte. Je me souviens du jour où il me fit retirer de sous son lit la boîte en bois qu'il m'avait montrée, en la comparant à ma petite boîte à cheveux. C'était une caisse de bois blanc, avec un couvercle. Son cercueil, comme il disait, contenait des cahiers, le manuscrit complet, et il me demanda de l'aider à le réviser. Il venait de renvoyer son fidèle secrétaire Pilorge, qui le suivait pourtant depuis ses ambassades. Je ne savais pas pourquoi. Je n'allais pas tarder à l'apprendre. J'étais désormais au Saint des Saints.

« Tu sais, tout le monde tourne autour de ce tas de papier, il y aura moins de gens derrière mon cercueil. Tu verras, ils s'imaginent que cela vaut de l'or. Les éditeurs le veulent tous, sans parler des contrefacteurs, les libraires de Gand, ceux d'Amsterdam. On m'a même dit qu'un libraire allemand des plus réputés, Wetzel, s'était installé à deux pas d'ici, rue du Bac, chez un prince monténégrin de ses amis, pour me guetter et me proposer, au passage, quand je le croiserai dans la rue, de faire affaire ! Un libraire d'outre-Rhin pour voler mes *Mémoires d'outre-tombe*, tu te rends compte ! Le bon Delloye a fait faillite, je ne peux plus compter sur lui pour me défendre. Mes bastions sont à découvert. Je lui avais pourtant donné un volume à publier, en 1838, *Le Congrès de Vérone*, mais il n'avait pas si bien marché je crois. Ensuite, en 1844, je lui ai encore donné ma *Vie de Rancé*. Le public veut de la romance, pas de la politique ou de la dévotion, pauvre Delloye ! Dans la société qui est propriétaire de ma petite tombe, il ne reste plus que le cher Sala, qui est trop bon, et qui doit faire patienter les actionnaires. Je sais qu'ils trouvent tous que j'ai une bien bonne santé, et que leurs actions ne rapportent guère. Je me demande si je ne vais pas me décider à tout publier. Mais ce sont des milliers de pages, il faut les relire, tout vérifier, cela fourmille de dates, de noms, je ne peux pas laisser passer d'erreur. C'est mon au-delà ! »

Nous étions en 1844, j'avais accès tous les jours au manuscrit, et je le copiais en cachette. Tout finissait dans le placard de la chambre. Girardin m'avait cette fois demandé de lui fournir le texte complet. J'y travaillais avec ardeur, dans l'exaltation de ce que je découvrais, ligne après ligne. Ce furent, pour moi, coiffeur entraîné dans une conjuration qui le dépassait, des mois d'émerveillement et de fourberie.

Chateaubriand fit un dernier séjour à Londres, pendant lequel je vins rendre visite à Céleste, qui me laissa seul avec les papiers. Mon travail avança plus vite. À Londres, Chateaubriand s'entretint avec « Henri V » qui avait décidé de lui verser la pension de pair de France qu'il touchait avant la révolution de 1830, sur sa cassette personnelle. Les dividendes imprévus de la bouteille d'eau du Jourdain. Le futur roi croyait acheter la plume la plus influente d'Europe, il ne sut jamais qu'il avait seulement contribué à secourir les innombrables pauvres de Céleste. Au Ciel, cela lui sera compté, et le pauvre vieux y siège depuis avec les Justes, sans doute plus sûrement que s'il avait retrouvé son trône.

XV

Au retour, je vis Chateaubriand exploser. « Quatre-vingt mille francs ! Une somme ! J'avais chassé mon cher Pilorge parce que je savais qu'il s'était entremis avec Girardin ! Le monstre avait acheté mon secrétaire, tu te rends compte, Adolphe ! Tout va paraître en feuilleton, je vais moi aussi finir en papillotes, comme vos grosses douairières frisées. On me découpera "en feuilleton", comme si j'étais Eugène Sue ou Alexandre Dumas ! » Je tendais le dos. Émile de Girardin venait d'acheter à la société propriétaire des *Mémoires*, à Sala, le droit de publier en feuilleton, dans *La Presse*, le livre à venir.

« Je n'ai aucun moyen de m'y opposer, mon homme de loi est formel, mais je lutterai, c'est mon œuvre ! J'écrirai une préface sanglante où je dirai ce que je pense de ce procédé. Je proclamerai partout que cette version feuilletonnée n'a aucune valeur, que ce qui comptera, c'est le livre, le livre seul ! Personne ne m'a demandé mon avis ! Je suis spolié de mon dernier bien. Les gamins feront des cornets de papier pour envelopper des marrons sur le Pont-Neuf avec mon livre ! »

Céleste prenait fait et cause, elle me convoquait comme témoin : « Adolphe, imagineriez-vous une pareille forfaiture ? »

Par chance, j'avais été tenu à l'écart de la transaction secrète de Girardin, si j'y avais trempé, je crois que je me serais mis à fondre en larmes, à me traîner à leurs pieds, à demander leur pardon.

Je compris que j'étais seulement, dans le cerveau du patron de presse, la pièce essentielle d'un deuxième plan, une manœuvre de secours si la transaction échouait. Girardin, grâce à moi, avait déjà bon nombre des plus belles pages. Il n'avait pas encore ma copie complète, presque achevée, à l'abri dans mon placard. Il pouvait la publier illégalement, quitte à payer les procès, ou, pire, la revendre en sous-main aux contrefacteurs allemands, ce dont il était fort capable.

M. de Girardin me semblait être le vrai génie de ce temps. Il avait eu, le premier, l'idée qu'avec des annonces commerciales on pouvait faire vivre les journaux, il était le premier à avoir envie de faire des coups, à donner des nouvelles avant tout le monde. Il avait inventé la publicité, qui aujourd'hui est la reine du monde. *La Presse*, c'était un journal politique à bon marché, le premier du genre, le parlement à la portée de tous, trait de génie. Il avait déjà fondé *La Mode, Le Journal des instituteurs*, *Le Musée des familles*, *Le Panthéon littéraire*, que sais-je encore... C'était l'empereur des périodiques et le pape des abonnements. Je le sentais gentilhomme et corsaire, il m'avait séduit, je l'aimais bien, et M. de Chateaubriand, lui aussi, avait son côté publicitaire, ce même goût du jeu et des surprises.

Ils aimaient la guerre de course, la haute mer, les abordages. Ils me plaisaient tous les deux pour les mêmes raisons, deux lutteurs à armes égales. Chateaubriand perdit, avec élégance, cette première manche. Il savait ce qu'il avait écrit.

Il était sûr de gagner la seconde, celle de la postérité. Avec la postérité, c'est qui perd gagne.

Pendant quelque temps, les Chateaubriand firent vaches maigres. Céleste se priva des générosités superflues. Ils refusèrent de toucher la pension de la société propriétaire des *Mémoires*, craignant qu'accepter l'argent ne pût être interprété comme une manière de donner un accord tacite à la manœuvre de Girardin. Il fallut un juriste pour leur rédiger une lettre qui les mettait à l'abri et pour que Céleste et lui puissent à nouveau percevoir leur rente. L'atmosphère de la rue du Bac s'était tendue, de longs silences venaient troubler le vacarme des oiseaux. J'ai eu envie d'essayer d'abord sur eux mon « fusil de jardin » anglais. Je n'en fis rien, j'avais peur de moi-même. Je me préparais en forêt, je ne voulais tirer qu'un coup, le bon. Quand le livre serait fini.

Après le départ de Sophie, Chateaubriand revint de Venise, où il était resté dix jours, sans me dire un mot de l'expédition, et marqua à mon égard ce que je crus être de la froideur. Je n'en cherchai pas les causes. Je sentais que je n'avais plus envie de le voir.

Je me limitai à des interventions capillaires, de plus en plus réduites. Tant mieux. Ma clientèle se développait, j'avais du succès et du travail comme jamais. Je ne m'occupais plus des manuscrits.

Le grand homme avait la courtoisie de continuer à me faire porter des livres tous les six mois, ce dont Zélie et moi ne manquions jamais de le remercier par lettre. Nous avons encore aujourd'hui ce luxe d'une jolie bibliothèque, bien tenue et qui contient quelques belles originales. Je ne m'occupais plus de ses *Mémoires*. Je lui avais dit que je n'avais plus le temps à cause de mes clients, ce qui était vrai. Il avait engagé un autre secrétaire, Maujard, obscur et efficace, qui sera, avec Jean-Jacques Ampère et Charles Lenormant – mari de la nièce de Juliette Récamier –, son exécuteur testamentaire. Ces gens-là se passent de moi et je me passe bien d'eux.

Les *Mémoires* continuèrent à vivre un peu sans mon aide. Je ne m'y intéressais plus que de loin. J'avais l'essentiel. Les « adjonctions » n'étaient plus que des suppressions. Des allégements de chapitres et des découpures de pages, ce qui m'agaçait. Le vieillard charcutait son chef-d'œuvre, il maniait les ciseaux, sans moi. Il s'activa beaucoup, au retour de Venise, à la nouvelle série de lectures publiques du texte enfin terminé.

J'ai été convoqué, un soir, en urgence, pour mettre les numéros sur les pages, il y en avait 4 074. Certains amis bien intentionnés firent à nouveau des critiques, on ne voulait pas froisser les susceptibilités, Chateaubriand fit faire des coupes, encore, il n'en resta plus que 3 514, ce qui était déjà bien. Je suis méticuleux, ces pages, je les ai comptées avec soin et j'ai reporté les chiffres dans les marges de mon livre de comptes. Ma copie est la seule bien complète. J'ai gardé, cette fois encore, toutes les mèches tombées.

Ce soir-là, j'ai vissé à la crosse du fusil la réserve d'air qui en fait un « silencieux ».

XVI

Je possède une version intégrale des *Mémoires*. Cela me suffit. Mme Récamier vieillissante, elle surtout, a exigé bien des biffures, bien des suppressions, sur tout ce qui la concernait, bien sûr, mais aussi quelques portraits de personnages ridicules, ce qui fait que bon nombre des pages les plus amusantes du livre ont été retranchées. Ensuite, comme des copies partielles circulaient, M. de Girardin fit savoir qu'il rétablirait de nombreuses pages, ce qui entraîna un procès avec les héritiers de Juliette et la plus grande confusion. Aujourd'hui encore, la seule version originale, c'est, je crois bien, celle que je possède à Fontainebleau. Elle est de ma main.

Je relis en riant le portrait du cardinal duc de Rohan-Chabot, pair de France, expurgé pour cause d'offense à la haute noblesse et à la sainte Église :

« Le duc de Rohan était fort joli ; il roucoulait la romance, lavait de petites aquarelles et se distinguait par une étude coquette de toilette. Quand il fut abbé, sa pieuse chevelure éprouvée au fer avait une élégance de martyr. »

Voilà qui me plaît ! Chateaubriand à cette époque ne me connaissait pas encore, mais il avait saisi toute la philosophie et la portée de la haute coiffure. Et la suite est meilleure encore, je comprends qu'on l'ait censurée, je m'en régale :

« Il prêchait à la brune, dans des oratoires, devant des dévotes, ayant soin, à l'aide de deux ou trois bougies artistement placées, d'éclairer en demi-teinte, comme un tableau, son visage pâle. »

Et la chute, que je lisais à haute voix à Zélie :

« Guérin, faisant le portrait de l'abbé duc, lui adressait un jour un compliment sur sa figure ; l'humble confesseur lui répondit : "Si vous m'aviez vu priant !" »

Les sorties « en ville » de Chateaubriand devinrent des plus rares. Il ne se risquait plus guère à pied. Il disparut du quartier. Mme Le Hec, ma voisine, s'étonnait de ne plus le voir. Il faisait venir des voitures. Je le guettais par ma fenêtre, il ne passait plus. Les berlines le protégeaient, j'attendais. Un jour, en sortant de l'une d'elles, au Champ-de-Mars, il manqua le marchepied et tomba ; il se cassa la clavicule.

Sa santé s'effondra vite. Il passait des journées vides à tourner ses pages. Il avait le regard de plus en plus fixe tandis que je le coiffais. Son côté « bonhomme » avait disparu. En 1846, il se lança dans une ultime révision de son texte, et l'année suivante, il en fit réaliser deux copies à l'identique. Une qui ferait foi, chez son notaire, une autre qui serait déposée auprès de la société propriétaire et enfin la troisième, qu'il garda jusqu'à sa mort dans sa chambre, dans la fameuse boîte. Il voulait se donner l'illusion de pouvoir encore, jusqu'à son dernier souffle, amender, corriger, ajouter, rester maître d'un livre qui ne lui appartenait plus.

Chateaubriand ne sortait presque plus. Je le vis à l'enterrement de Céleste en 1847, auquel ses amis, qui n'étaient plus très nombreux, assistèrent tous. Cette femme charmante s'était éteinte le 8 février. A-t-on libéré ses oiseaux ? On l'ensevelit dans sa chapelle, auprès de « ses pauvres », dans l'Infirmerie Marie-Thérèse qu'elle avait fondée et à quelques pas de la petite fabrique de chocolat qu'elle avait créée pour donner un peu de travail à ses pensionnaires. Son chocolat s'est fabriqué encore longtemps, il se trouve toujours peut-être aujourd'hui. J'aime penser que son repos éternel se prolonge dans les vapeurs de ce cacao qu'elle a tant aimé.

Victor Hugo, qui se trouvait à ces funérailles, a écrit qu'il avait vu rire Chateaubriand. Je ne peux pas le confirmer. Je m'y suis rendu moi aussi, ému, car je perdais une véritable amie, même si j'avais été incapable de me confier à elle.

J'avais aussi été incapable de tirer. Ce coup de fusil restait rentré en moi, dans ma chair. Chateaubriand m'avait pris Sophie. Je le haïssais. Sophie était née pour faire mon bonheur. Lui seul avait dû savoir ce qu'elle était devenue, pourquoi elle était partie, et où. Il ne dirait plus rien. Il ne s'occupait que de lui-même. Il avait dû oublier la petite Malouine. Je comprenais qu'il était un monstre et que j'allais lui rendre service en l'abattant.

Un matin, j'avais ouvert ma fenêtre et passé le canon entre les lattes de mes volets. Il apparut. Il était lent. Je sentais que sa mort était là, dans ma main. À la seconde où j'ai tiré, j'ai pensé à une page des *Mémoires*. Les mots me sont venus en tête. Les phrases où il raconte que durant la Révolution, quand il combattait dans l'armée des princes avec les autres nobles émigrés, on avait fait feu sur lui. La balle est allée se ficher dans le manuscrit d'*Atala*, glissé sous son uniforme, contre sa poitrine. Le manuscrit ce matin-là n'était pas contre son cœur, il était dans ma tête et j'ai tiré trop tard. Le recul m'a fait mal à l'épaule. La balle en ricochant ne fit pas plus de bruit qu'un caillou. Chateaubriand était un pas plus loin et il montait en voiture. C'est la seule fois où j'ai été capable de tirer sur lui, tout entier à ma haine, c'est la seconde fois que ses pages le sauvaient en s'interposant entre la mort et lui. Personne ne l'a jamais su. Là où il aurait dû y avoir une flaque de son sang, je suis allé ramasser la balle dans le caniveau.

J'ai repensé aussi à une page des *Mémoires* : dans les forêts de Combourg, il appuie sa tête sur un fusil de son père, il ne tire pas. Cette page, je l'ai copiée, je l'ai chez moi.

Ensuite, Chateaubriand fit quatre sorties. Je les suivis toutes, il fallait le coiffer. J'avais peine à le toucher, il me répugnait. Lui était devenu doucereux avec moi, il me montrait qu'il m'aimait comme aux premiers temps de notre rencontre, j'allais écrire, de notre collaboration. Il alla, en voiture, à l'Académie française, où il se rendait rarement, pour donner sa voix à son ami Jean-Jacques Ampère. Il séjourna à la campagne, quelques jours, dans le joli château de Malesherbes, chez son neveu M. Louis-Geoffroy de Chateaubriand. Enfin, le 14 juillet 1847, il alla passer cinq jours à Dieppe. Je crois que c'était pour revoir la mer une dernière fois, pour entendre le bruit des vagues. Il ne m'en parla pas, j'eus simplement communication des dates – afin de ne pas trouver porte close rue du Bac. Elles figurent toujours dans mes agendas.

Je me demandais combien de temps, dans le cercueil, les cheveux des morts continuent de pousser.

XVII

En 1848, une des dernières fois où je vis Chateaubriand, je lui donnai des nouvelles d'un Paris en ébullition, je ne pus pas m'empêcher de lui parler ce jour-là comme aux premiers temps de mon service auprès de lui, comme s'il allait me répondre sur son ton jovial d'autrefois. Je n'avais pas pardonné. J'avais juste repris les apparences de la vie d'autrefois. Au fond, j'étais bien content d'avoir échappé à l'échafaud. Car je me serais certainement fait prendre. Je ne m'étais pas entouré d'assez de précautions. Je n'avais pas su devenir l'assassin du plus grand écrivain du siècle.

Je lui racontai comment la révolution grondait à nouveau dans Paris, Louis-Philippe et Marie-Amélie s'étaient dit que c'était leur tour et n'avaient pas fait de façons, le peuple venait d'envahir les Tuileries, de saccager la salle du trône. Le fauteuil rouge et or avait été porté place de la Bastille et brûlé au pied de la colonne de Juillet. Le couple souverain était monté dans sa berline et avait pris la route d'Angleterre. J'entendis Chateaubriand, qui n'avait pas parlé du tout lors de nos dernières entrevues, dire distinctement, en présence de son neveu M. de Tocqueville, qui se trouvait dans la chambre : « C'est bien fait. »

Il mourut le 4 juillet.

Le 21 octobre, la publication des *Mémoires d'outre-tombe* commençait en feuilleton dans *La Presse*, comme prévu. Sauf que nul n'avait pensé qu'en ces débuts de république, ce serait la politique du jour qui passionnerait les foules, et pas l'histoire d'un homme qui semblait sortir du fond des âges. Le château de Combourg et la cour de Louis XVI n'intéressaient guère les révolutionnaires de 1848. Le monde de François-René venait de prendre un coup de vieux. Les romantiques allaient bientôt devoir inventer des chansons réalistes. Je réfléchissais à de nouvelles coiffures ; dans mon métier il faut réagir vite, face à l'histoire.

Des éditions pirates parurent tout de même, signe d'un certain succès, j'en vis une faite au Portugal et une autre, qui me sembla très exacte, parut sous le nom de l'éditeur allemand qui nichait rue du Bac, à se demander comment il avait pu disposer aussi vite d'un texte complet, avant la fin de la parution en épisodes.

Peu après, Juliette Récamier mourut à son tour, son époque avec elle. Elle était, depuis quelques années, devenue aveugle. Avec Chateaubriand, ils avaient atteint un olympe qui ne se retrouvera plus, c'est mon avis. Personne ensuite n'est arrivé à les surpasser, et j'ai sans doute vécu moi-même très vieux pour pouvoir le dire avec force. Pourtant, Chateaubriand, dans ces années, sembla vite très passé de mode. Le livre, qui devait assurer sa gloire posthume et continuer à faire parler de lui après sa mort, quand il parut chez Penaud, l'année suivante, tout autant. Ce chef-d'œuvre ne fit pas grand bruit. Je ne sais si Louis-Philippe, exilé, murmura à son tour : « C'est bien fait. »

J'étais allé, dans la chapelle des Missions étrangères, à l'enterrement de Chateaubriand. Cérémonie médiocre, sans pompe ni simplicité, qui ne parvint pas à m'émouvoir. Devant l'escalier à double révolution, dans l'espèce de cour qui précède l'entrée de la chapelle, je vis le comte Molé, qui me salua, des académiciens, des dames que j'avais coiffées la veille qui ne me regardèrent pas, et tous nos voisins du quartier, dont la vieille Mme Corot, si aimable, la mère du peintre. Je me disais que Sophie y viendrait. On avait annoncé la nouvelle dans tous les journaux. Elle aurait eu le temps de sauter dans la malle-poste à Saint-Malo. Elle ne parut pas. Ce fut le convoi qui prit la route de Bretagne, mais j'avais mes clients, mes soucis, mon carnet de rendez-vous, je ne m'accordai pas ce voyage. Je n'avais pas envie non plus de lui montrer, à mon illustre mort, que je continuais à faire toutes ses volontés. J'avais peut-être peur de la voir. Je n'avais pas le courage d'aller vers elle.

Je ne savais toujours pas ce qu'il était allé faire à Venise en 1845, si cette rencontre avec le prétendant légitimiste avait bien eu lieu. Je ne savais pas s'il y était allé seul. S'il avait emmené Sophie. J'avais envie, dans les derniers mois, quand il ne quittait plus son lit, de lui poser la question, il était trop faible pour répondre. Je n'avais rien à perdre, je ne voulus rien risquer, je me suis tu. Je n'avais jamais eu la moindre nouvelle d'elle. Je n'avais aucun témoin de l'escapade, personne pour me dire si le vicomte de Chateaubriand, sur la Piazzetta, était suivi d'un jeune domestique noir portant sa livrée rouge et or. Cela aurait fait un beau sujet de gravure, mais les Chateaubriand n'avaient pas de domestique en livrée, et le temps des Maures à Venise était passé lui aussi.

Je n'avais pour me renseigner que les pages des *Mémoires* où il parle de Venise et raconte son séjour de 1833. J'avais cru apercevoir qu'il les avait retouchées au retour de son dernier voyage sur la lagune. Je les avais copiées quelques jours plus tard, une de mes ultimes séances de travail chez lui avant que je ne sois remplacé par ce gratte-papier de Maujard. J'avais acheté l'édition parue à sa mort, je comparai : le chapitre de Venise n'y figurait plus. Il avait été englouti dans les derniers mois, quand il s'était lancé à coups de ciseaux – un art qui ne s'improvise pas.

En apparence, rien pour m'alarmer dans ces pages passées au crible de ma folie. À Venise, Chateaubriand est sur les traces des grands écrivains qui l'ont précédé, il va rechercher la jeune fille dont parle Silvio Pellico dans *Mes prisons*, et trouve une bonne grosse qui donne la main à sa marmaille, il cherche à retrouver ceux qui ont connu Lord Byron. J'imaginais ce qui se serait passé si Chateaubriand était tombé sur une dame de la Sérénissime qui aurait été aimée par le poète anglais, qui aurait conservé des lettres de lui. Comment il aurait pu s'insinuer dans ses bonnes grâces, faire mine de courtiser sa nièce, de flatter son orgueil. Il aurait loué un appartement dans leur palais sur le Grand Canal, fait planter des fleurs pour leur plaire dans le carré de pelouse qu'elles appelaient le jardin. La dame l'aurait fait attendre, ne voulant pas lui révéler les lettres de Byron, et lui s'imaginant qu'elles étaient le plus brûlant de son œuvre. Je vagabondais. Si j'avais quelque talent de plume, je ferais de cette histoire une nouvelle,

« Les papiers de Byron » ou quelque chose comme cela, en changeant les noms bien entendu.

Mon œil courait sur les pages. Je trouvai un paragraphe qui, d'un coup, me torturait. Il évoque, sans aucune raison, une jeune fille que l'on ne revoit plus ensuite, croisée sur la place Saint-Marc :

« Elle était brune, vive, gaie ; elle avait sur sa tête un chapeau d'homme, mis en arrière et sous ce chapeau un bouquet de fleurs qui tombait sur son front avec ses cheveux. »

C'était fait, je croyais la voir, elle, Sophie à Venise avec lui. La suite me donnait des frissons :

« Sa main droite s'appuyait à l'épaule d'un grand jeune homme avec lequel elle riait ; elle semblait lui dire, à la face de Dieu et à la barbe du genre humain : "Je t'aime à la folie." »

De quand dataient ces pages ? 1833 ? 1846 ? Qui était ce jeune homme ? Je croyais chaque phrase à double sens, écrite avec une encre secrète. J'avais trop dissimulé, je voyais le mensonge partout, mon esprit s'était exercé à manipuler trop de boîtes à double fond.

Ma jalousie, qui n'avait que ces pages pour se consumer, faisait des ricochets, j'étais comme un gamin qui joue sur la plage du Lido. Je devenais fou. La moindre formule susceptible d'avoir été retouchée au retour de Venise me mettait en transe. Ces *Mémoires* étaient une machine infernale, avec un système de retardement. Encore aujourd'hui, alors que j'ai à mon tour bien vieilli, je ne peux lire, sous la plume de Chateaubriand, qu'il a vu la rosée tomber sur la mer Morte sans replonger dans mes abîmes.

XVIII

Je n'en pouvais plus. Je suis parti pour Saint-Malo. J'ai retrouvé toute mon énergie. Je me sentais l'Adolphe de vingt-cinq ans qui venait d'emménager rue de la Planche. Je voulais une autre vie. La revoir. Lui parler. J'étais prêt à tout, à abandonner Zélie, à ne plus revoir mes deux fils. Je ne voulais plus que Sophie. Ma vie, depuis qu'elle était partie, m'ennuyait à périr. Chateaubriand était mort et enterré. Il n'y aurait plus d'obstacle à notre amour. Surtout, je voulais savoir la vérité.

J'avais envie d'elle. Je ne pouvais pas laisser notre histoire ne pas se finir. Même si elle était mariée avec un autre, même si elle était morte, je voulais le savoir, pour pouvoir être en paix quand je pensais à elle.

Saint-Malo étincelait au soleil. J'étais comme le croisé qui atteint Jérusalem. Le voyage m'avait brisé bras et jambes. J'attendais des brumes, des embruns, le vent et la mousse, je ne trouvai que l'azur. La cathédrale brillait. Les tours, les remparts, les hautes portes s'ouvraient ; j'aimai cette ville au premier regard. Comme j'avais aimé Sophie. Le soleil faisait étinceler les petits diamants du granite. Je courus presque, sur la digue du Sillon, j'entrai par la grande poterne, celle qui porte un écusson où court une petite hermine sur une herse. Je pensais, en souriant, à Mme de Chateaubriand dans son peignoir. Je rayonnais moi aussi. Pourquoi avais-je attendu si longtemps ? Cette ville était pour moi.

Dans une taverne, je demandai du cidre. J'écoutais, je m'attendais à la voir pousser la porte et s'installer à côté de moi. Elle ne vint pas. J'engageai la conversation au hasard. Kerdal, son nom de famille, que j'imaginais très célèbre, qui sonnait tant sa Bretagne, ne disait rien à personne.

J'entendis le cliquetis des fleurets par une haute fenêtre ouverte, une salle d'armes. J'y entrai. Il me semblait que Sophie m'en avait dit un mot. Elle m'avait peu parlé de Saint-Malo, c'était à lui qu'elle réservait ses descriptions, puisqu'il prétendait l'avoir fait venir pour cela. Un vieux maître d'armes donnait sa leçon, on sentait bien que ce n'était pas un endroit pour les jeunes filles de bonne famille, je savais que c'était le genre de lieu qu'elle aurait aimé. J'attendis dehors, guettant les entrées et les sorties, je fus déçu. Je ne savais pas comment monter à l'assaut de la cité. Je fis le tour des remparts, attentif aux îles et aux forts, j'aperçus de loin le Grand-Bé. Qu'il y reste ! Je m'installai au soleil sur une tour qui me plut, la tour Bidouane, et je me laissai aller à la rêverie.

La cathédrale me fournirait peut-être quelques informations. Il faut descendre des marches pour y pénétrer. Je cherchai un confessionnal et guettai la sortie de la dernière bigote de la journée. Sa confession fut interminable. Je me présentai au prêtre. Je lui dis que j'avais été au service de Chateaubriand, il m'écouta avec attention. J'imaginai une histoire de jeune cousine à laquelle je devais remettre une mèche de cheveux. Il me détailla toutes les parentèles des Chateaubriand, me dit qu'une jeune beauté des îles, dans ces familles malouines, il aurait naturellement dû voir de qui il s'agissait, ma description le laissait perplexe. Il me conseilla un bon hôtel pour passer la nuit.

La maison natale de Chateaubriand était devenue une auberge, avec de jolies chambres qui donnaient sur la mer. J'ouvris ma fenêtre, pour entendre le bruit des vagues. Je m'imaginais à Venise, avec elle. Cette maison méritait une visite. Je m'y retrouvai hébergé. J'étais sûr qu'elle avait eu la curiosité d'aller la voir, elle avait dû venir ici, je le sentais. Peut-être m'y donnerait-on quelques renseignements. Je fis parler l'aubergiste, il me montra la chambre de Chateaubriand, « la chambre où ma mère m'infligea la vie ». Il ne savait rien de Sophie, il n'avait jamais vu se recueillir ici que des jeunes gens en gants de peau qui parlaient du comte de Chambord, des dames en dentelles et des Anglais. Les Parisiens commençaient à venir. Bien plus pour le charme de la ville, avec ces grèves bien à l'abri dans les murailles, que pour Chateaubriand, dont on parlait moins qu'autrefois.

Je fis un croquis dans mon carnet. La chambre était-elle bien celle-ci ? Je n'en étais pas certain, l'aubergiste me l'affirma. Il me raconta que la mère de Chateaubriand, Apolline, avait été prise de douleurs pendant une promenade en mer, et qu'il avait fallu accoster au Grand-Bé. De là gagner la maison, et que la naissance, qui aurait pu avoir le rocher pour décor, avait bien eu lieu ici. Il avait lu les *Mémoires d'outre-tombe*, qu'il me montra, avec de belles reliures rouges, dans ses appartements. Il déboucha une excellente bouteille de bordeaux et me demanda comment j'avais connu l'écrivain.

À Saint-Malo, au bout de quatre jours, je n'avais rien trouvé. Personne ne semblait la connaître. Je me décidai à rentrer. Fort heureusement, des deux hommes qui sont en moi, chacun avait joué son rôle : le brave M. Pâques avait pris soin de prévenir les embardées d'Adolphe. C'était la semaine où Zélie était allée, avec nos enfants, chez sa mère ; un collègue avait bien voulu assurer mes rendez-vous, personne ne s'apercevrait de mon escapade. Nul ne s'en souviendrait. Je retrouverais la rue de la Planche un peu avant ma femme, juste à temps pour y créer le petit désordre d'une semaine de vie de garçon, qu'elle pourrait ranger en maugréant.

Le dernier jour, une heure à peine avant le départ de la malle-poste qui devait me ramener à Rennes, pour regagner Paris, sans réfléchir, j'ai fait ce que je n'avais pas voulu faire encore, en me donnant pour prétexte que je ne reviendrais peut-être pas dans cette ville. Je suis allé au Grand-Bé.

XIX

Aujourd'hui, je me suis installé à Fontainebleau. Dans la vie de chaque jour, j'oublie ces moments de folie, mes journées de Saint-Malo. Quand je suis seul pour un moment, et bien à l'abri des regards, j'ouvre la porte de ma pensée qui contient ces souvenirs-là. Je m'y promène, je les caresse comme des bibelots. Je reste longtemps à ne rien dire. Je vide mon esprit pour faire revenir des images. Je me transforme en lanterne magique. Les plaques peintes défilent. Je me prends la tête dans les mains, et sans crier gare, je me mets à pleurer.

Nous avons un des plus beaux salons de coiffure de la région, avec des fauteuils d'acajou, un décor de très bon goût. J'ai copié les frises, que j'ai fait exécuter par mon petit menuisier, en haut des murs, sur le décor de la bouteille qui contient l'eau du Jourdain. Je la conserve dans notre chambre. J'ai acheté des cuvettes bleu et or, en porcelaine, qui s'harmonisent bien avec l'ensemble, et j'ai trouvé des gravures des bords de Marne, qui plaisent à ma femme. Cela donne un ton moderne. J'ai eu des projets de voyages. J'ai voulu suivre, moi aussi, mon itinéraire de Paris à Jérusalem, j'ai rêvé de voir de mes yeux Athènes, Le Pirée, Corinthe et les ruines de Sparte. J'ai rêvé des galères dans le port de Carthage. J'ai rêvé de l'Amérique et de la cataracte de Niagara. Je ne suis jamais parti.

J'avais emporté à Fontainebleau, avec moi, mes livres, les pages de Chateaubriand que j'avais recopiées et que je n'avais pas montrées, elles n'avaient d'ailleurs plus de valeur que pour moi, elles intéresseront ceux qui sont curieux des pages retranchées, et aussi la caisse de bois qui contenait les reliques les plus extravagantes de cette histoire : huit années de cheveux de M. de Chateaubriand.

Zélie en rit. Elle était devenue une femme magnifique, plus belle encore que la jeune fille que j'avais épousée. À Fontainebleau, elle tient notre commerce et élève bien nos enfants. Elle me traita de vieux fou. D'Indien qui transporte avec lui les sacs d'ossements des héros morts. Elle avait lu cette anecdote dans *Atala*. Je me suis installé dans ma chambre, j'ai placé deux modèles devant moi, le dessin que j'avais fait à Saint-Malo et la gravure que m'avait offerte, de son vivant, ce génie qui prenait si grand soin de son tombeau. Je me suis concentré pour réussir l'œuvre de ma vie.

J'avais fermé les fenêtres et calfeutré ma porte. Il ne fallait pas un souffle. J'avais devant moi un grand tas de cheveux. J'avais acheté deux plaques de verre, de bonnes dimensions. Il m'a d'abord fallu classer tous ces cheveux, par taille et par couleur. Je constituais une palette, du brun sombre au blanc. Certains cheveux avaient jauni, je les passai dans une de mes lotions, qui fit merveille. La mode était aux médaillons de cheveux, aux bijoux en cheveux, et aussi aux « fixés sur verre ». Cette vogue avait débuté avec les charrettes de la Terreur et les guerres de l'Empire, il y avait tant de gens qui partaient et que nul n'allait plus revoir. Toute la

France avait échangé et gardé des mèches de cheveux.

Quant aux « fixés sur verre », s'ils avaient l'inconvénient d'être fragiles, ils donnaient aux peintures un vif éclat ; pour moi qui n'allais pas employer de couleurs brillantes, cette méthode s'imposait. Je décidai d'allier les deux techniques. Je devais passer chaque cheveu, avec une petite pince, dans une légère solution de colle, et l'appliquer au bon endroit. Cela me prit des mois. Il fallait éviter les empâtements de colle, laisser sécher de temps à autre, puis retourner la vitre pour juger de l'effet produit avant de continuer, rectifier les éventuelles erreurs de teintes. J'étais comme un bagnard qui fait sa boîte en paille. Un marin de Dieppe qui tourne un ivoire. Un vieux Japonais qui sculpte un navire dans une noix. Un captif qui lime ses barreaux. Le Prométhée de la vieille partition que personne n'avait jouée depuis le départ de Sophie.

Je réalisai deux tableaux : la chambre natale de Chateaubriand et une vue de son tombeau au Grand-Bé.

J'eus besoin de toute ma rigueur de coiffeur, de toutes les ressources de mon caractère méticuleux. La chambre ouvrait, par une fenêtre, en miniature, sur la mer, avec des oiseaux, un horizon marqueté de cheveux blancs et de mèches pâles ; j'avais reproduit le lit, avec des cheveux de la couleur du bois. Chaque mèche me racontait une histoire, dans le silence de mon atelier improvisé, j'imaginais le moment où je l'avais coupée, des années plus tôt. J'entendais le son de sa voix.

Pour le Grand-Bé, les cheveux blancs servirent à l'écume des vagues et aux nuages, les plus noirs, car il y en avait, pour le rocher et la croix de pierre. Tout avait l'aspect le plus véridique. J'étais allé sur place, je l'avais connu, c'étaient ses cheveux. Une folie.

Pendant toutes ces semaines, je n'ai pas ouvert un livre, mais tandis que j'avais le nez sur la vitre et les yeux dans mon ouvrage, j'entendais, dans mon pauvre cerveau, des pages entières. Elles s'imposaient à moi, en désordre, je ne choisissais rien ; j'étais comme hypnotisé par un fakir des grandes Indes, je ne pensais plus, j'oubliais les repas, je me laissais pousser la barbe, je ne parlais à personne. Zélie m'a dit qu'elle avait été soulagée quand je lui avais annoncé la fin de ma tâche. Elle m'a dit aussi, ce qui m'a fait plaisir, que, depuis, je dormais mieux. Elle me trouvait moins agité. Je retrouvais plus souvent ma gaieté de garçon. J'avais conscience d'avoir servi à quelque chose, de m'être acquitté d'une mission, peut-être ridicule, peu m'importe : j'avais construit, moi aussi, mon monument. Ces deux reliquaires, si j'ose dire, ont émerveillé nos amis. Certains sont venus les voir de loin, beaucoup voulurent me les emprunter. Je refusai de les vendre à un Anglais qui m'en proposa un très bon prix. Je résistai longtemps. Je ne pouvais pas me détacher de ces deux cadres qui me parlaient à voix basse.

Mon salon de coiffure est le lieu de rendez-vous de toutes les élégances qui passent à Fontainebleau quand Napoléon III y chasse et des sommités de notre petite ville. Dans un salon de coiffure, on s'installe, on bavarde, je crois bien que c'est la fin des coiffeurs à domicile. Nous avons compris que nous devions nous démocratiser, nous aussi. Toutes les aristocraties doivent apprendre à évoluer.

Mon collègue Richard, celui qui coiffait Louis-Philippe aux Tuileries, le maître de la houppe et des favoris piriformes, à qui les caricaturistes doivent tant sans l'avoir jamais su, ni lui non plus, vint me visiter dans ma retraite. Il n'avait pas survécu à la révolution de 48. Le nouvel Empire avait établi une autre cour, lui, se contentait de la petite société orléaniste : chacun son tour. Il avait désormais, comme moi jadis, son petit monde de fantômes à brosser, qui regrettaient un passé disparu. Nous avons parlé des années d'autrefois. Je risquai la question qui me brûlait.

« Une jeune femme à la peau noire, qui s'appelait Sophie ? Tu me fais rire, mon vieil Adolphe. Bien sûr, je l'ai connue, elle était extraordinaire, une intelligence, une escrimeuse sans Dieu ni maître, toujours habillée en homme, qui partageait parfois la loge des "lions" au théâtre avec Théophile Gautier. Un diable. Alexandre Dumas faisait croire qu'elle était sa sœur. Gaspard de Cherville, un vrai gentilhomme, le meilleur nègre de

Dumas, bien meilleur que le piètre Auguste Maquet, en était toqué. Elle pouvait laisser son adversaire sur le pré avec un trait de rouge entre les deux yeux. Plumer toute sa table au baccara. Tu l'as coiffée ? Nature de cheveux peu commune, je me souviens, curieux mélange. Elle a disparu du jour au lendemain. Elle avait été actrice aux Variétés, elle jouait tous les rôles, malgré la couleur de sa peau. On disait qu'elle apprenait les textes en un soir, les auteurs en étaient fous. Une mémoire ! Elle avait posé pour un photographe. On parlait à peine de photographie ! Il faut que tu aies vécu toutes ces années bien retiré du monde, avec ta Zélie, pour n'en avoir jamais entendu parler. Ta société légitimiste, ton Chateaubriand ne devaient pas fréquenter beaucoup ce genre de fille…

— Elle était de Saint-Malo…

— Pas le moins du monde, elle venait de Saint-Domingue, elle ne connaissait que Paris.

— Tu sais avec qui elle vivait ?

— C'est drôle que cela t'intéresse. Une créature, elle avait beaucoup navigué. Elle aimait les peintres, les artistes, elle jouait des personnages, avec talent, elle nous manipulait comme si nous étions ses marionnettes, ses pantins qu'elle laissait désarticulés après avoir bien joué. J'ai même succombé, un soir, je te l'avoue, une fête en masques au palais, elle voulait me remercier de l'avoir fait entrer. Elle avait une robe superbe, et une peau... Elle a fini par se ranger peu après, avec un éditeur allemand, je crois, un bel homme, qui s'était installé à deux pas de chez toi, rue du Bac, vous auriez pu vous croiser. Elle a dû repartir avec lui en Allemagne, ils avaient entrepris de publier et de traduire toute la nouvelle littérature française, je ne sais pas ce que cela a bien pu donner. Des contrefaçons qui ruinent nos libraires. Elle ne devait rien y connaître et lui ne rien y comprendre. »

Peu après, j'ai accepté d'envoyer mes deux tableaux en cheveux de Chateaubriand à une exposition à New York. L'un d'eux, la vue du tombeau de Chateaubriand, a été cassé lors du voyage de retour et il est irréparable. L'autre, sa chambre natale, est sous mes yeux. Je l'ai accroché devant ma table. Il m'a aidé à écrire.

Note

C'est devant les remparts de Gallipoli, dans la province de Lecce, que j'ai inventé cette histoire. Sur ces rivages du sud des Pouilles, le sud du sud de l'Italie, je me suis souvenu des remparts de Saint-Malo, la ville de ma grand-mère Hélène. J'avais aussi pris des notes dans certains lieux encore hantés par l'ombre de Chateaubriand : dans les bois de Combourg, dans la jolie maison de Villeneuve-sur-Yonne où il venait voir Joseph Joubert et à Champlâtreux, le château que Mathieu Molé avait recouvré après la Révolution, à l'époque où ils étaient amis.

L'aventure s'inspire d'un texte réel et d'un héros authentique. Le véritable Adolphe Pâques, « artiste coiffeur », né en 1816, ne mourut qu'en 1906. Il avait eu le temps de coiffer, après Chateaubriand, l'impératrice Eugénie et la maréchale de Mac-Mahon. Il ne s'intéressait qu'à l'histoire et aux livres et, comme le roi Louis-Philippe l'avait fait pour Versailles, il avait dédié ses ciseaux « à toutes les gloires de la France ».

Le personnage de Sophie est une pure fiction, mais toute l'intrigue autour du manuscrit des *Mémoires d'outre-tombe* est véridique.

Les précisions concernant les armes à silencieux en usage à l'époque m'ont été fournies par le très savant Raphaël Abrille, conservateur au musée de la Chasse et de la Nature.

Comme il n'était pas catalan et qu'il ne vivait pas à Montmartre, Adolphe Pâques disparut en ignorant qu'en 1906, au même instant, Picasso assemblait des études pour *Les Demoiselles d'Avignon*. Adolphe Pâques, « artiste coiffeur » romantique, qui avait vu des Girodet, des Delacroix et des Ingres à l'époque où les vernis n'étaient pas secs, n'avait sans doute pas grand goût pour le XXe siècle.

Il avait publié, à compte d'auteur, en 1872, un volume de mémoires, intitulé *Le Coiffeur de Chateaubriand*, rareté bibliophilique que les éditions Recouvrance, à Rennes, ont eu la bonne idée de réimprimer en fac-similé dans la collection « L'Amateur averti » en 1998. Dans cet unique ouvrage, un peu décevant pour le lecteur d'aujourd'hui, Adolphe Pâques parle trop peu de l'écrivain qui lui fournit son titre et s'attarde longuement sur ses années d'apprentissage, son séjour à Londres et le salon de coiffure à la mode que sa femme et lui avaient, un temps, ouvert à Fontainebleau. Comme Adolphe Pâques ne se prenait pas au sérieux, et qu'il était homme d'esprit, il a placé en épigraphe de son livre cette citation de Jules Janin : « M. Pâques a rasé Chateaubriand... il en rasera bien d'autres ! » Je n'ai pas voulu la lui emprunter.

L'étonnant « tableau » réalisé par ses soins « en cheveux de Chateaubriand », dont il est question dans ce roman, représente la chambre natale de l'écrivain à Saint-Malo, dans l'hôtel de la Gicquelais, bâtiment occupé aujourd'hui par l'Hôtel de France et de Chateaubriand. Il figure dans les collections du musée Carnavalet. Il a été mis en dépôt au musée de Saint-Malo, où il est exposé non loin du portrait de Chateaubriand par Girodet qui appartint à Juliette Récamier. Christophe Leribault, alors conservateur au musée Carnavalet, aujourd'hui conservateur au Louvre et directeur du musée national Eugène-Delacroix, m'a permis de consulter, avec beaucoup d'obligeance, le dossier complet de cette œuvre étonnante.

Le tableau de Saint-Malo, composé de cheveux coupés sur le grand homme de son vivant, permettra peut-être un jour, grâce à la sorcellerie de la duplication de l'ADN, de le voir renaître.

Ce volume a été composé
par IGS-CP à L'Isle-d'Espagnac

Cet ouvrage a été imprimé en France par

CPI
Bussière

à Saint-Amand-Montrond (Cher)
en février 2010
pour le compte des Éditions Grasset,
61, rue des Saints-Pères, 75006 Paris.

N° d'édition : 16120. — N° d'impression : 100557/4.
Dépôt légal : mars 2010.